谨以此书送给天下的家长

特别送给我的父母

幸福家长修炼札记

我们的第二次成长

赵景利 著

湖南人民出版社

图书在版编目（CIP）数据

我们的第二次成长：幸福家长修炼札记 / 赵景利著. —长沙：
湖南人民出版社，2016. 2

ISBN 978-7-5561-1319-4

I. ①我… II. ①赵… III. ①家庭教育 IV. ①G78

中国版本图书馆CIP数据核字（2016）第038824号

WOMEN DE DIERCI CHENGZHANG

我们的第二次成长——幸福家长修炼札记

....

著　　者　赵景利
责任编辑　黎晓慧　刘　芳
装帧设计　元明设计

....

出版发行　湖南人民出版社［http://www.hnppp.com］
地　　址　长沙市营盘东路3号
邮　　编　410005

....

印　　刷　深圳市彩之美实业有限公司
版　　次　2016年2月第1版
　　　　　2016年2月第1次印刷
开　　本　880 mm × 1230 mm　　　1/32
印　　张　7.75
字　　数　15千字
书　　号　ISBN 978-7-5561-1319-4
定　　价　38.00元

....

营销电话：0731-82683348　（如发现印装质量问题请与出版社调换）

没想到有机会受邀为一部作品作序。印象中很多名家大作往往会邀请比作者本人更出名的人来作序，这样才会相得益彰、增加人气。我不出名，虽然我自负地认为自己还有点才情，但离成名成家还差了十万八千里。为什么是我写序，原因很简单，我和作者景利是同胞兄妹。

我了解她，个性坚强，可谓百折不挠；勤勉向上，从未懈怠。2004 年，在父亲去世 11 年后，含辛茹苦的母亲也离我们而去。由于父母早逝，未来对于我们而言存在着更多的不确定性。于是，我对未来进行了更多的思考，关于我自己的，关于妹妹景利的，也由此产生了更多的忧虑。那时景利已经是政府部门的一名公务员，对于她的职业发展我不敢有太大的预期，只希望她能尽快走出伤痛，重拾快乐。但出乎我意料的是，母亲去世后仅 6年时间，倔强上进的她便从一名略显青涩的副科级干部成长为一名年轻有为的副县级干部，足以告慰双亲在天之灵；更让我大跌眼镜的是，致力于家庭教育的她，在成功举办了多场颇具影响力的家庭教育讲座之余，十年铸剑为犁，两年笔耕不辍，居然出书了！

　　带着钦佩与好奇，我认真拜读了《我们的第二次成长》的书稿，不得不承认我被感动到了。全书行文流畅，语气轻松活泼，语言通俗精炼，如同拉家常一般，娓娓道来，不同层次的家长都能看得懂、记得住。书中观点鲜明，有理有据，摒弃了简单的说教形式，而是采用大量真实而生动的事例，包括用景利自身的成长经历现身说法，再提升到理论高度概括总结，很容易让人理解、接受。书中内容丰富，层次分明，告之天下父母应当如何从良好习惯、优秀品质、较高情商、有效沟通、科学管理、正确态度、适度交际和付诸行动等八个方面对孩子进行言传身教，每个章节均独立成篇，又构成系统，令人振聋发聩，耳目一新。

　　值得称道的是，景利对孩子的关爱之心、对教育的关切之情溢于言表，她集政府公务员、家庭教育宣讲者和研究者三种角色于一身，同时也是一位孩子的母亲，用她自己的话说"家长是这个世界上最难的职业，没有之一；教育孩子成人是我一生中最重要的功课，没有之一"。从书中文字，能够深刻感受到她作为一名母亲、一名家庭教育研究者细腻而专注的情感，严谨而专业的态度。全书在宣讲教育理念的同时，还弥漫着对父母的感恩和思念，读之令人唏嘘不已，是一部不可多得的具有人文情怀的家庭教育专著。

惟其艰难，方显勇毅；惟其磨砺，始得玉成。《我们的第二次成长》这本书，倾注了景利无数的心血与智慧，她精雕细琢，数易其稿。几年来，她阅读了大量古今中外的教育书籍，走访了成百上千有代表性的家长与学生，开展了广泛的调查研究工作，深刻认识到教育孩子的关键还是在家庭，还是在父母。她认为学校教育孩子学习，家庭教育孩子成人，而成人比成才更重要，家庭比学校更重要！她致力于推动家庭教育的大众化、平民化，致力于让每一位家长都成为自己家庭教育的专家！

"百年大计，教育为本""十年树木，百年树人"，没有人会否认教育特别是家庭教育的重要性。当下人们对中国教育制度和现状多有诟病，各种教育方式层出不穷，各种教育理念甚嚣尘上。两千多年前，伟大的教育家孔子就提出过"有教无类""因材施教"的理念。每个孩子都是一个独特的个体，永远没有一种放之四海而皆准的教育方式。对于家庭教育而言，没有最正确的只有最适合孩子的教育方法。所以我不敢说《我们的第二次成长》能够包治家庭教育百病，但我相信只要你用心阅读，仔细体会，付诸行动，就一定能收到意想不到的效果！

我们每个人的一生既是受教育者又是教育者，如果说长大成人是我们的第一次成长，得失成败已成定数，那么，请收拾好心情，转变好态度，不要留遗憾，跟着景利和孩子们一起共同迎接我们的第二次成长吧！

是为序。

赵　鹏

2015 年 12 月 13 日于长沙

我时常怀念我的父母。

他们是亿万中国家庭中普通的家长。

他们一生清贫，却把最宝贵的精神财富留给了我们；他们生命短暂，却把最永恒的人生信念传给了我们。

妈妈严厉。我和哥哥是在一种非常严格的家庭教育环境中长大的。小时候，妈妈用自制的家法——"竹刷子"教育我们；家里的搓衣板成为我们罚跪的工具；我们的"检讨书"会被妈妈贴在小区大院门口，供人参观；妈妈洪亮的斥责声也总是飘出窗外，传遍左邻右舍。妈妈就是用这样一种简单直接近乎苛刻的方式教育我们。

爸爸温和。我和哥哥还在一种非常温暖的家庭教育环境中长大。爸爸常年出差，却总在回家时为我们带来一些小惊喜；爸爸会在风和日丽的周末，骑单车带着我们走街串巷；爸爸会在每个深夜，用挑灯夜读的背影告诉我们要努力学习；爸爸还会在我们受到妈妈惩罚时，偷偷给我们一个安慰的笑脸。爸爸用他如山的坚定、如海的宽厚给了我们爱的温暖。

1993 年，我 15 岁，爸爸在弥留之际，叮嘱我：好好做人。

2004 年，我 26 岁，妈妈在最后一刻，告诫我：好好做人。

好好做人。我的父母用了一生的时间来教育我。这么多年过去了，纵然沧海桑田，世事无常，但言犹在耳，从未敢忘。原来，父母对我点点滴滴的教育，早已在我心中汇聚成河，他们的生命虽已逝去，但他们做人的理念却被我根植于心，成为我人生的信条。这就是教育的力量，这就是父母留给子女最宝贵的财富！

2007 年，我的女儿出生了，我也成为一名家长。我才发现，家长是这个世界上最难的职业，没有之一；教育她成人是我一生中最重要的功课，没有之一。于是，我更加怀念我的父母，怀念他们对我的教育。细细想来，父母对我的教育中最重要的一个字就是"做"。自己做到了，再来教育我；自己做好了，再来约束我。所以他们无论怎样打我骂我批评我管教我，我都没有怨恨只有感恩，只有接受没有叛逆。虽然他们已远走，但他们的一言一行早已在我的心中向下生根向上发芽，渗透到了我身上的每一根毛细血管之中。

2010 年，我开始从事家庭教育的相关工作。几年来，我看到不少家长因为忽视家庭教育，酿成一个又一个的家庭悲剧；不少孩子因为缺少父母的爱，滑向一个又一个的深渊。

一个初三的孩子，因为父母从小将他送到学校寄宿，缺少与父母的交流，在中考后，失踪了一个暑假，急疯了的父母四处寻找，最后找到孩子后，孩子面对痛哭流涕的父母仍然不肯回家；

一个刚满十六岁的女孩，为了报复离异的父母，天天泡在酒吧，最后竟与一个陌生男人发生一夜情，意外怀孕；

一个还只读小学六年级的孩子，因为老师的批评、父母的误解，留下一纸遗书，选择跳楼。

……

这些悲剧就发生在我们身边，甚至每天都会上演。父母和孩子原本是这世间最难得最宝贵的血缘之亲，却因为不懂爱、不会爱的父母而形同陌路，甚至如同仇人。

家庭教育是每一位家长一生必修的功课。这门功课说不好，却做得好。做好自己，就能修得高分。

　　在我们人的一生中，至少会有两次成长。第一次成长是从我们出生开始，学习、工作、成家立业，这是形成自我的成长；第二次成长是从孩子出生开始，陪伴孩子一起长大，这是完善自我的成长。当我们开始第二次成长时，也就开启了通往幸福之路。

　　我要感谢我的父母，他们让我知道，成长没有捷径，成长没有终点。做好自己，用言行影响、带动孩子成长，才是最好的教育！

　　我也希望所有的父母，在伴随孩子教育成长的道路上，不断提高自己、完善自己，教育孩子成长、成人、成才！

　　祝愿天下父母：

　　自我成长，教育快乐！

　　自我完善，教育成功！

Our Second Growth

目 录
CONTENTS

习惯篇

我们常说"性格决定命运"，那么什么决定性格？性格就是习惯化的行为方式，习惯决定性格，培养良好的习惯就是在塑造孩子的未来，就是给孩子最珍贵的礼物。

我曾经在多个场合做过调查，问家长两个问题：大家觉得自己的孩子优秀吗？大家觉得自己优秀吗？当问到第一个问题时，很多家长骄傲地举起了手；当问到第二个问题时，只有很少的家长犹豫着点了点头。为什么会出现这样的情况？这不仅仅是因为家长有谦虚的品质，同时也说明家长确实存在很多不足。家长总会对孩子要求过高，而对自己要求太低。

我们都希望自己去不了的远方孩子要抵达，自己完不成的梦想孩子要完成，当我们自己都不能飞得很高很远的时候，却一定要孩子飞得更高更远。但是，不优秀的家长能培养出优秀的孩子吗？我们该如何去让自己的孩子更加优秀和出色？这就需要我们与孩子一起成长，去探寻家庭教育的真谛和规律。

在家庭教育中，很多家长都希望找到一个良好的家庭教育方法来教育自己的孩子，但是在现实中我们往往会感觉束手无策、非常无助。我们现在的家庭教育中，有几类方法比较普遍。

一是赏识教育。2001 年，周弘先生倡导赏识教育后，迅速在很多家庭中传播。都说好的孩子是夸出来的，优秀的孩子都是赏识出来的，但是在实际的家庭教育中，很多家长没有理解赏识教育的核心，一味地重复"你真棒""真不错"等语言，即使在孩子失败、犯错、遇到挫折后还在赏识，久而久之有些孩子盲目自信，有些孩子只听得进表扬听不进批评，在逆境面前无所适从，遇到困难只会退缩。在一些家庭中，赏识教育的方法只在一定时候管用，而在很多时候都无效。应该说赏识教育是一种很积极的教育方法，但不是唯一的教育方法，还需要多种方法一起配合，才能够发挥更大作用。

二是挫折教育。就在早一段时间，又听闻一名男生在一个凌晨从学校对面的高楼跳楼自杀，结束了年轻的生命。每年都会有类似的悲剧重复上演，孩子们自杀的年龄越来越小，自杀的比例越来越高，考试的失利、老师的批评、家长的责骂、同学的误会，很小的一件事就可以让孩子萌发出轻生的念头。于是，现在社会上有一些机构开始搞"军事训练营"，有一些电视节目也开始做一些挫折教育方面的节目，通过改变环境、换位生活等方式来锻炼孩子们的抗挫能力。只不过一时的挫折教育是不能代替贯穿一生的家庭教育的，这样的效果也不会持久。而且过度的挫折教育会让孩子的心理阴暗，充满挫败感，打击了孩子的自信心，影响了孩子健康心态的形成。

三是棍棒教育。古人云：棍棒底下出孝子。我就是在棍棒教育下长大的。在我的人生之中有两位最重要的老师，一位是我的妈妈，一位是我的爸爸，他们对我的教育就是一种非常严格的棍棒教育。虽然爸爸在我 15 岁时去世，妈妈也在我 26 岁时去世，但他们对我的教育影响了我人生的每一步，我身上每一个优秀的品质都得益于他们的教育。棍棒教育是一种惩罚教育，在现在的家庭教育中虽不可取，但在短期教育面前还是能起到一定作用的，能迅速纠正孩子的不良习惯，让孩子的行为朝着社会认同的行为规范发展，在特定的时代、特定的家庭中会带来一些积极的影响。

　　以上三种方法是比较常见的，当然家庭教育的方法还有很多种。我们不否认一些成功的家庭教育个案，比如每年的高考状元，比如那些在北大、清华、哈佛就读的骄骄学子，但如果照搬照抄这些方法，有可能会适得其反，某些成功的方法并不会放之四海而皆准。<u>因为没有一种家庭教育方法是对每个家庭普遍适用的，也没有哪位专家能总结出一种完全适用于每个孩子的家庭教育方法。</u>家庭教育方法一定是家长自己去摸索、去实践、去总结的，每个孩子都有最适合他成长的方法，这就需要家长用爱心去发现、用耐心去实施、用恒心去坚持。

　　在家庭教育中，家长和孩子是双主体的关系。在施加影响上，家长的行为影响孩子的行为；在接受影响上，孩子的行为有一个学习和内化的过程。从这个层面上讲，习惯比方法更重要，家长的习惯比孩子的习惯更重要，这就是我们常说的榜样的力量是无穷的。因此，<u>家长不要只想着如何教育孩子，更要想着如何做好自己，把自己做好了，孩子的问题也就"迎刃而解"</u>

了。

一、你有良好的习惯吗？

叶圣陶老人说："什么是教育，简单一句话，就是要养成良好的习惯。"青少年研究专家孙云晓先生也指出："习惯决定孩子的命运。"如何培养孩子良好的习惯，首先家长应该从培养自己的习惯开始。

（一）学习习惯

1. 你每天都坚持学习吗？

学习离我们的家庭生活越来越远了。读报、看新闻、浏览网页，很多家长认为这就是学习，自己每天都在学习，但学习不仅仅只是一种简单的信息收集，更应该是一种知识的积累、内心的沉淀、思想的升华。家长要用成就孩子的心去成就自己，那么就从改变自己的学习习惯开始。

在物欲横流的社会中，人们也越来越浮躁。现在很多中国人都开始过洋节，知道每年的情人节、圣诞节、愚人节是哪天，但在我们的调查中，却发现很少有人知道世界读书日是哪天。早在 1995 年，联合国教科文组织就把 4 月 23 日确立为"世界读书日"，它的全称为"世界图书与版权日"。从那以后，得到了全世界很多国家的热烈响应，并以此作为各国青少年成长的一项重要举措，目的是培养孩子们的阅读习惯、人文精神，引导他们尊重知识、学习知识。每年的这天，世界各国都会举行各种各样的庆祝和宣传活动，在有些国家已俨然成为一个节日。但是，在中国，这个世界性的读书日还未被大多数社会公众所知晓，更谈不上成为节日。根据搜狐读书网站 2004 年的调查，知道"世界读书日"的人仅占 6%，27% 的人虽听说过但不知详情，67% 的人从未听说过这个日子。到了近两年，也仅仅是少数几个政府部门、出版社和书店搞一些活动。

有调查显示：2011 年我国的人均读书量仅为 4.3 本，远低于韩国的 11 本，法国的 20 本，日本的 40 本，更别提犹太人的 64 本。中国是世界上人均读书量最少的国家之一，我国已陷入了学习危机。早前，日本管理大师大前研一在其著作《低智商社会》中说：在中国旅行时发现，城市遍街都是按摩店，而书店却寥寥无几，中国人均每天读书不足 15 分钟，人均阅读量只有日本的几十分之一。

一个不热爱阅读的家庭无法培养出热爱学习的孩子，一个不热爱阅读的民族无法培养出热爱学习的下一代。提到学习，很多家长都会问孩子"作业做完了吗""考试考得好吗"，很少有家长会关心孩子"你今天读了什么书"，甚至还有家长反对孩子读课外书。在家长看来，学习只能和成绩画上等号，一切与成绩无关、与名次无关的都不感兴趣、不去关注。这种功利性的学习态度把学习当成了一种手段，而不是一种需要。家长应把学习当作自己每天必不可少的一份精神食粮，主动学习、自觉学习、坚持学习，让学习成为一种习惯后，自然就影响到了孩子。

2. 你与孩子一起学习吗?

家长们不妨想想,孩子每天在学习的时候,我们在干吗呢?大致是这样两种情况。一种情况是不闻不问。孩子学习时,家长开始做家务、看电视、侃大山,甚至打麻将,美其名曰给孩子独立学习和思考的空间。另一种情况是严密监督。不论孩子是在做作业、看书或者复习,家长总是不离不弃地陪在左右,把孩子置于自己严格的监督之下,放弃了自己的业余时间,也给孩子增加了无形的压力。这样两种方式无疑都是不可取的。如果家长能改变习惯,与孩子一起学习,那么会让孩子的学习更有规律,也会让孩子对学习更感兴趣,也能在家中营造一种良好的学习氛围。

从小,爸爸很少教导我要好好学习,但是他每天回到家后,除了做家务就是在学习。他总是在离我不远的地方看书、思考、做研究,每当我学习累了烦了抬起头的时候,就能看到爸爸还在孜孜不倦学习的身影,甚至有时深夜醒来,他还在挑灯夜读。

后来爸爸重病住院，在医院治疗的三年，病床上都堆满了书。只要是清醒的时候，爸爸手里总有一本书，这种情形在我脑海中留下了不可磨灭的印象。爸爸去世很多年后，我每次想起爸爸，都是他看书的样子。这种无形的鞭策，使我在学习上一直不敢懈怠。现在我也非常热爱读书，随身包里必备的就是书，这已经成为我生活中不可或缺的一部分，这主要是得益于爸爸的影响。家长给予孩子的不只是物质，更重要的是精神和习惯。

3. 你感受到了学习的乐趣吗？

小时候，我们常常写的一句座右铭是"书山有路勤为径，学海无涯苦作舟"。这让我们觉得学习是一件痛苦的事，而学习真的那么痛苦吗？对于孩子来说，学习的痛苦也许主要是因为没完没了的作业，无休无止的考试。那么，我们为什么也感受不到学习的乐趣呢？这个问题值得每位家长认真思考。每个人对学习的感受是不同的，但是大多数人都觉得学习比较痛苦，这种行为表现会直接影响孩子。一个人对某样东西和行为的好恶一定会感染你身边的人，如果家长从心底是热爱学习的，这种感受也会无形地传递给孩子。

现在孩子最发愁的事就是不会写作文。我的女儿读小学一年级时，最烦的就是老师布置的写话作业。老师要求每位同学每天要写一句话，全班大部分同学写话的内容都是"今天我吃了饭""今天我睡了觉"。语言干巴巴，思维单一，没有任何生活的情趣。究其原因，就是因为他们不喜欢写作文，缺乏一双发现世界的眼睛和一颗感悟世界的心。说到孩子们不会写作文吧，我却看过一个小学三年级的孩子给心爱的女生写的情书就好得不可思议："今天我的心为你而跳动，终有一天我的心也将为你而停止，你要让我这颗心还等待多久呢？"你相信这样的文字是出自一个十岁孩子的笔下吗？后来知道这个孩子平时成绩一般，尤其是不喜欢写作文，没想到居然写出了这样一封"情书"，让老师和家长都大跌眼镜。所以说兴趣是最好的老师，有了兴趣才会有感情，而有了感情才会有血有肉。只有把学习当成一种乐趣，才能享受学习过程、提高学习效果、养成学习习惯。

当然，学习兴趣的培养不只是从学习本身入手，还可以从与学习有关的爱好入手。培养一种爱好，也可以成为学习兴趣培养的着力点。事实上，只会死读书的孩子不可能一直保持优异的成绩，而优秀的学生，往往爱好都比较广泛。从脑部发育的规律上来说，爱好广泛可以促进大脑全面开发。所以家长要更加注重孩子爱好的培养，顺其自然，稍加引导就是最好的方式，过之则不及。

4. 你的学习有效果吗?

学习要有什么样的效果呢？现在许多家长总是用分数的高低、学校的好坏来检验学习的效果，但学习真正的效果应该是要让人受益终身的。人们常常说"腹有诗书气自华"，学习的效果是渗透在一个人的每根毛细血管之内的，在你举手投足之间自然地流露。思想的深度、内心的宽度、人生的高度都取决于此。

几年前，我报名参加全市的干部公选，最初的目的就是想检验一下平时学习的效果，在历时三个月、历经几轮考核之后，我终于取得了最后的胜利。正是因为平时不断地学习才让幸运之神眷顾了我。这让我更加相信机会其实一直都在，只是你不知道它哪天会来，也许是今天、明天或是以后的某一天，但机会一定是垂青有准备的人，这个准备就是学习的储备。

现在家长们常常抱怨孩子的功课越来越难，甚至自己连小学的题目都不太会做了。许多家长一遇到孩子提问，自己不愿做思考，也不愿引导孩子去思考，就急忙拿出手机、打开百度、输入问题、查找答案。万事借助网络，觉得有了万能的网络就有了一切，殊不知这种行为已经在孩子心中留下了深刻的印象，给他们带来的认识就是网络既然可以代替一切，还要那么辛苦地学习干什么？久而久之，孩子也就没有主动学习的欲望了。

学习的效果应该是给孩子以启迪、以思考、以提高，他的成绩也许并不出类拔萃，但他的内心一定是丰富的、思想一定是深邃的、眼光一定是远大的。

（二）生活习惯

5. 你从不当着孩子的面抽烟喝酒、打牌赌博吗？

近年来，我国青少年吸烟率有上升趋势，吸烟的年龄日益偏低，20% 以上的初中生已尝试过吸烟，吸烟已成为青少年的时尚生活方式。这种现象的形成，主要跟家庭环境、社会影响等因素有关。据调查，大多数吸烟孩子的家庭中有人吸烟，而且主要是父亲。许多孩子的第一支烟，就是从父亲的烟盒中拿的，极少数甚至是在父亲的默许下抽的。我曾经在校园中看到一个偷偷吸烟的孩子，不过十五六岁。我问他，为什么这么小就开始抽烟？他居然很幽默地说："我们家我爷爷抽烟，我爸爸也抽烟，我是三代单传，自然也得抽烟，可不能让咱家的烟火断了！"孩子从小吸烟，这不仅对自己的身体健康带来巨大影响，也影响到了别人。吸烟会毁了孩子的一生，这就需要家长自觉引领健康的生活习惯。

还有一次，我在做家庭教育入户调查时，敲开一户人家的家门，几家人正在聚会。妈妈们在打麻将，爸爸们在一起抽烟聊天，而几个五六岁的孩子趴在地上兴高采烈地在玩一副旧麻将。有一位妈妈很自豪地对我说："我的孩子很聪明，他三岁的时候就把108张麻将牌都认全了。"当时我哭笑不得，对这位妈妈说："如果每天你的孩子接触的是音乐，现在的他也许能唱出动听的歌曲；如果每天你的孩子聆听的是诗歌，也许他能七步成诗。"环境的影响力是巨大的，尤其是家庭环境，父母的行为在不知不觉中会改变孩子一生的爱好，甚至命运。

6. 你会勤俭持家、生活节俭吗？

现在的孩子喜欢攀比，从小就是满身名牌。一位妈妈十分困惑，女儿上初二，爱吃爱喝爱打扮，就是不爱学习。妈妈带女儿去农村贫困孩子的家中感受生活，但女儿丝毫不领情，还说："我的家又不住在这里，为什么要像他们一样受苦受难？"这位妈妈万般无奈。

孩子的大手大脚都是父母惯出来的。我从小生活在一个普通的家庭，经济条件一直很拮据，尤其是爸爸去世之后，经济状况更为紧张。那时妈妈在离家比较远的地方上班，每天要转两趟车，但是为了节省转车的一角钱，她每天只坐一趟车，然后走两站路上班。有一天放学后，我忽然发现妈妈的脚底全部都是水泡，再去看妈妈穿的鞋子，是那种在夜市摊上买的十几元一双的凉鞋，鞋底已经磨得如同一张纸那样薄，但她仍然舍不得换掉。就是在这样一种环境下，我和哥哥从小就知道生活不易，从来都是穿着洗白了的旧衣服，从来不问妈妈要零用钱，即使是妈妈主动提出来要买零食给我们吃，我们都不要。勤俭持家的父母会用自己的行为给孩子种下节俭的种子。

7. 你每天分担家务劳动吗?

哈佛大学学者曾经做过一项调查研究，得出一个惊人的结论：爱干家务的孩子和不爱干家务的孩子，成年之后的就业率为 15 ∶ 1，犯罪率是 1 ∶ 10。现在的孩子自理能力差，每到放学时，家长在学校门口看到自己的孩子，第一个动作是什么？大多数是接过孩子手中的书包。现在很多年轻的家长与自己的父母住在一起，平时的家务基本都交给了老人，经济条件稍微好一些的，请个保姆。在家里，孩子们很少看到自己的父母承担家务劳动，久而久之也就没有了这种意识。

有一位高中的老师这样说道："现在高中的学生寄宿，我最担心的不是他们的学习，而是他们的生活自理能力，很多高中生居然连被子都不会叠。"我曾经在某大学开学报到的第一天，站在学校的校门口做社会调查，发现 95% 以上的大学生后面都跟着一个强大的亲友团，他们肩上扛着、背上背着、手里提着的都是孩子的行李，而个头比自己父母还要高的十八九岁的学生却悠闲地戴着耳机，双手插在裤口袋里，乐得轻松自在。调查表明，现在中国城市的孩子每天劳动的时间平均不足 0.2 小时，是世界儿童中参加劳动时间最少的。连基本生活自理能力都缺乏的孩子，即使有再优异的成绩又如何能走完自己的人生之路？卢勤说过一句话：替就是害，放手就是放心。让孩子参与劳动，做一些力所能及的家务，锻炼孩子的生活自理能力，这才是真正的爱。

8. 你按时作息、生活有规律吗?

我们都要求孩子要有良好的作息习惯，放学后能自觉做作业，做完作业去写字、画画、弹琴、读英语，学习各种各样的特长，然后按时睡觉。作为家长，我们是否也有良好的作息习惯？是不是经常把自己的生活过得随心所欲、黑白颠倒？有一次，在给一个学校的留守儿童做心理辅导时，有两个孩子这样对我说道："虽然我和爸爸妈妈住在一起，但我觉得自己也是留守儿童，因为我每天早上上学时，他们还没起床，每天晚上睡觉时他们又没回家,我整天都见不着他们。"没有作息规律的父母不但会影响孩子的生活规律,还会让孩子们产生一种极度的不适感和不信任。

9. 你坚持每周两次以上的运动吗?

经常看到有报道,孩子们在军训的时候晕倒了,在长跑时出了安全事故,以至于现在不少学校的体育课取消了长跑项目,缩短了军训时间。现在孩子的体质为什么越来越差呢?平时我们在身体健康方面是否给予了足够的重视呢?家长们能够坚持加强运动吗?

有一个朋友曾和我说起这样一件事。九月份的某一天,他们单位与一个专科院校的学生举行一个活动,活动是早上八点半开始,要求七点半集合。学生们在操场上站着,不到半个小时,一百位学生中有两位晕倒了。当时大家并没在意,甚至还以为是学生故意晕倒的。没想到紧接着又有两位学生晕倒了,这下大家着急了,再也不敢让学生站着了,活动也草草收场。

朋友很不理解，现在的学生到底怎么了，身体居然如此脆弱？我们总是要求孩子把时间用在学习上，却忘记让孩子拿出时间去锻炼。不知不觉，孩子成了学习的机器，但这台机器已无力承担学习的重压。

家长们如果能养成运动的习惯，坚持带孩子一起去跑步、爬山、游泳、打球……在增强自己体质的同时，孩子的身体素质也会越来越好。毛主席在湖南第一师范读书的时候就说过"文明其精神，野蛮其体魄"，而且他自己也一直非常重视体育锻炼，冬天洗冷水澡，自创学员课间体操，也提出了"德智体"全面发展的教育思想，因此他从大革命开始一直到领导全国解放，无论多么恶劣和艰苦的环境，都能够战胜磨难，这与他坚持锻炼，练就健康的体魄是分不开的。人生的际遇总在变化，关键是要有健康的身体去迎接和承受。健康的身体是人生最重要的本钱，再成功的人生没有健康的身体也将一败涂地。

（三）陪伴习惯

10. 你每周在家吃晚饭的时间有五次以上吗？

我曾在一篇文章中看到这样一句朴实的话：父母对孩子最直接的爱，就是经常陪他一起吃晚餐，吃很多很多个晚餐。有一位父亲，工作很忙，经常在外应酬，几乎很少回家吃饭。儿子读高中后成绩越来越差。他每次看见儿子就会问："最近成绩怎么样？考得怎么样？"开始儿子还应付他两句，然后就充耳不闻，最后逼急了就说："你见面就问我成绩怎么样，你烦不烦？如果我天天问你提拔没有，加工资没有，你烦吗？"后来这位父亲再不敢问他儿子成绩怎么样了，见面就问他吃得好不好。儿子丝毫不领情，翻翻白眼说："别假了，你不就是想问我成绩吗，还拐着弯问吃得好不好。我吃得好不好，你自己不会回来看吗？"这位父亲在外处理各种复杂问题都得心应手，唯独面对自己的儿子时却束手无策。听到他的倾诉，我特地来到他家中，跟他儿子交流。他儿子沉默了很久，最后只说了一句："其实我就想让我爸在家多陪我吃一餐饭。"这是一个孩子最简单的心愿，却只能用这样一种方式来告诉自己的爸爸。当我把这句话转告给这位父亲时，他沉默了很久。不要小看晚餐时间，这是家长与孩子最美好的亲子时间，这绝不仅仅是一餐饭，更是让孩子感受爱的温暖、享受家的温馨的最好方式。

11. 你每天能陪伴孩子一小时吗？

这两年有个很火的电视节目《爸爸去哪儿》，引发了全社会对家庭教育的思考。据报道，杭州一所小学召开了一次"爸爸会"，老师在会上宣读了一个孩子的日记："我的爸爸是一个好人，他要求妈妈辞去工作，专心致志地照顾我的生活起居，而他则每天拼命赚钱。我们之间没有时间交流，也没有话题可以谈论，因为他的眼里只有工作。在我看来，他只是一台高级的赚钱机器。"听到这里，很多爸爸都低下了头，陷入了沉思。

一次偶然的机会，我在电视上听到了秦勇演唱的一首歌。

秦勇曾是黑豹乐队的主唱，以前他留着长发意气风发，现在却是胡子拉碴满脸沧桑，让我感慨万千。十年前，正当他的歌唱事业如日中天的时候，他选择了隐退，很多人都不理解。其实秦勇离开舞台是为了自己的儿子大珍珠。大珍珠两岁时，被查出患了重度感统失调症，生活无法自理。秦勇用十年的时间，陪伴、照顾自己儿子的成长。"功夫不负有心人"，现在儿子已慢慢恢复正常，并能生活自理。秦勇重新走上舞台，演唱的第一首歌，就是为儿子写的《一起长大》，我听了之后热泪盈眶。这是一位优秀的歌手，更是一位伟大的父亲，他给予了儿子大珍珠生活的勇气和力量，改变了大珍珠的一生。父母亲的陪伴给予孩子的不仅仅是爱，更是一种力量，这种力量是任何人任何事物都无法替代的。

12. 你每周能与孩子进行一次亲子活动吗？

很多家长有困惑，为什么孩子越大就越不愿意和自己一起活动了呢？为什么孩子这么热衷于玩手机、电脑游戏呢？其实，在调查中，70%以上的孩子在业余时间最愿意和父母一起活动，但家长能经常与孩子一起做亲子活动吗？很多家长认为亲子活动受场地、时间制约，还需要一定的经济基础。其实在生活中的任何时间、任何地方都可以开展亲子活动。比如带孩子一起做手指运动、玩数字游戏、玩成语接龙等等，只要足够用心，就可以随时随地进行。这些亲子活动不仅能锻炼孩子的思维能力，更是建立良好亲子关系的一个重要基础。

13. 你定期带孩子一起去旅游吗？

"读万卷书不如行万里路。"现在我们的经济条件改善了，很多家长都会带孩子一起去旅游，但不是出去了就是旅游，很多家庭都是人去心没有去。爸爸拿着手机不停地打，妈妈把旅游变成了购物，孩子走马观花，回到家里除了满手机的照片，脑海里没有留下什么深刻印象，更不要说学习了什么新的知识。

长沙的橘子洲头矗立着一个巨大的毛主席雕像，是长沙的标志性景点。有一次我应邀参加橘子洲头的一个活动，听到一位学生模样的志愿者解说员在为外地客人介绍，指着毛主席的雕像说"这是杨开慧"。我当时很惊讶，急忙将她拉到一边，说："同学，你不知道这是毛泽东吗？"她望着我，很诧异地问道："毛泽东为什么留这么长的头发？"我很无奈地解释道："这是青年时代的毛泽东。"后来才知道，这位同学就是湖南人，而且曾经和父母一起来参观过橘子洲头，居然犯了这种常识性的错误。

眼界有多宽，未来的路就有多宽。真正的旅游是带着心一起出发。我们要带着孩子一起旅游，就是在玩中学、在玩中思、在玩中感悟。

14. 你能经常回家看望自己的父母吗？

你对父母怎么样，将来你的孩子就会对你怎么样，这是上行下效的道理。我的母亲生活在一个重男轻女的家庭，很早就辍学，在家务农挣工分，为家里减轻负担，但是外公并不喜欢母亲，甚至吃饭都不允许她上桌。母亲给我讲过一件事情，让我记忆非常深刻。母亲要到城里去打工，问外公借路费，其实她这么多年挣工分的钱都给外公了，外公不但不给，还破口大骂，母亲说走出好远还听得到外公的骂声。后来母亲有了自己的家庭，生活虽不宽裕，但总是从微薄的收入中每月固定拿出一笔钱给外公。每到冬天，总要起早贪黑做煤球，送到乡下给外公取暖。小时候，我总是不能理解，外公对母亲如此凉薄，但是母亲却无微不至地照顾着外公。长大后终于明白，这是母亲的一份孝心、一份责任、一份亲情。这份孝心也教会了我，使我深深认识到孝顺从来不是放在嘴上而是挂在心上、体现在行动上。

15. 你能陪同自己的配偶一起活动吗？

如果回到家中，看到自己的妻子（丈夫）和孩子，你会首先拥抱谁呢？这是国外一所研究机构的一项调查。在中国绝大多数人都会首先拥抱孩子。研究表明，如果丈夫（妻子）回去主动拥抱自己的妻子（丈夫），孩子会觉得爸爸妈妈很相爱，家庭很温暖，同时也会让孩子觉得，自己并不是这个家中唯一重要的，爸爸妈妈在彼此的心目中也很重要。在家庭关系中，夫妻关系很重要，在后面的篇章中还会讲到。我们养成经常与配偶一起活动的习惯，从小在孩子心中会播下爱的种子，让孩子有家的责任感，这会为孩子未来的婚姻生活打下良好的基础。

（四）行为习惯

习惯决定命运，细节决定成败。*在家庭教育中，身教永远胜于言传。父母一个小的行为习惯，也许就能影响孩子的一生。*

16. 你能注意你的一言一行、时刻保持自己的形象吗？

我是在一个很严格的家庭教育环境中长大的。妈妈对我的一举一动、一言一行都有严格的要求。小时候感觉一回到家中就像进了军事训练营。妈妈要求我坐着的时候要双腿并拢，站着的时候要抬头挺胸，走路的时候要昂首阔步。吃饭的时候规矩就更多了，大人上桌后我才能上桌，等别人先动筷子后我才能夹菜，夹的第一道菜要是素菜，而且只能夹靠近自己这边的菜，尤其不能翻菜，吃饭的时候不能发出声音，吃完后要把自己的碗筷和桌面整理好，并规矩地离开桌子才行。家里规矩虽多，但我却还没有反感，因为要求我做到的每一点，妈妈自己都先做到了。这么多的规矩在妈妈的严格教育下已经渗透到我的行为习惯中，直到今天这些习惯都影响着我。回想自己成长的每一步，正是父母着手于细微处教育，规范我的言行举止，才让我今天受益良多。

17. 你从不在孩子面前说脏话、爆粗口吗？

现在有些孩子很小的时候就"出口成脏"。有一次去一个小学参加活动，两个二年级的男孩子在打架，一边打一边骂，全都是脏话。这些脏话不会是孩子与生俱来就知道说的，也不是在学校学的，大多数都是在家里跟着父母学的。一些家长平时在孩子面前接听电话、与人交往，总会习惯性地带上一些脏话，这些都影响到了孩子。

在幼儿期，孩子最强的能力就是模仿力，父母就是孩子首当其冲模仿的对象。父母要时刻注意不在孩子面前说脏话、爆粗口，要注意规范自己的言行。言行得体的家长会培养出彬彬有礼的孩子，而举止粗鲁的家长只会让孩子野蛮无礼。

18. 你会礼貌地对待身边的每一个人吗？

家长们都会从小教育孩子说"谢谢""对不起""你好"等等，希望孩子成为一个有礼貌的人，但这些只是礼貌用语，还不是礼貌的全部定义。礼貌要植根于内心，融入骨血，修养成一种本能，在举手投足间自然流露。15 岁时，我开始了寄宿生活。在众多优秀的同学中，我的成绩不是最出众的，长相也不是最漂亮的，班主任老师却对我留下了深刻的印象。为什么呢？只是因为我的一个行为习惯。开学第一个晚自习，班主任老师走到每个同学的座位边一一交谈，当他朝我走来时，我习惯性地站了起来。妈妈从小教育我，在长辈面前，要起立说话，表示尊重。后来，班主任老师告诉我，全班同学，只有我站起来和他说话，可以看出我有良好的家教。再后来，老师推荐我进入学生会，为我能力的提升提供了很多学习的机会。

礼貌地对待身边的每一个人，让礼貌成为一种习惯，这种习惯会让孩子与众不同，也会在孩子成长中给他带来更多的机会。

19.你会注意你的社会公德吗？

你是否曾随手扔过垃圾，是否曾闯过红灯，是否曾踩过草地摘过花草？这些我们平时不太注意的小公德，正潜移默化地影响着我们的孩子。我们应该欣喜地看到，我们的下一代受到良好的教育，他们从小就开始注意社会公德，他们知道垃圾一定要丢到垃圾桶，过马路一定要走人行横道线，这些良好的行为养成离不开家长的以身示范。

在一次家长会上，听到不少家长在辩论"老奶奶摔倒了，要不要鼓励孩子去扶"这个话题，很多家长各执一词，争辩激烈，最后一位妈妈的发言感动了我。她说："当然要扶，我们鼓励孩子做善事是为了让他们的内心更温暖更坚强，即使被人误解，只要问心无愧就好。"当社会公德植根于每一个家长的内心，我们的下一代才能形成自觉的行为准则，我们的社会才能成为一个温暖的大家庭。

20. 你会经常做些善举吗？

国外研究机构表明，如果父母有参与慈善活动的经历，其子女成人后乐善好施的概率会大幅提高，超过 80%；相反的话，这种可能性只有 25%。在我们爱心天使的志愿者中，有一位小姑娘从小学三年级开始，就一直坚持参加志愿活动，风雨无阻。她虽然年龄不大，但却经验丰富，在每次活动中，俨然成为小志愿者们的"领头人"。后来得知，她的父母都是爱心人士，母亲还是一个公益组织的带头人，从小在父母的耳濡目染中，她也热衷于各种公益活动，成为远近闻名的"小小公益活动家"。

二、如何养成良好的习惯

美国心理学巨匠威廉·詹姆斯有一段描述习惯的经典注释："种下一个行动，收获一种行为；种下一种行为，收获一种习惯；种下一种习惯，收获一种性格；种下一种性格，收获一种命运。"习惯是一种长期形成的思维方式、处世态度，习惯是由一再重复的思想行为形成的。习惯具有很强的惯性，让人们不由自主地跟随自己的习惯，不论是好习惯还是坏习惯，都是如此。可见习惯的力量会影响人的一生。

如何养成良好的习惯，我个人认为可以从以下四点去努力。

1.明确目标。什么是目标？应该分两个层次，一是要培养的目标行为习惯，二是如何设定行为习惯的目标。需要养成什么习惯这要根据我们的习惯结构来定，缺什么补什么，弱什么强什么，自己需要非常的明确。如何来设定目标，这却是容易忽视的问题。大家都知道篮球架。篮球架为什么是现在这样高，既不是遥不可及，又不是触手可得？因为，篮球架太高，几乎谁也没办法把球投进篮筐，也就不会有人犯傻去投篮了；反之，篮球架太矮，不费多少力气便能"百发百中"，大家也觉得没什么意思了。正是由于现在这个跳一跳，才可能够得着的高度，才使篮球运动成为一个世界性的体育项目，拥有了许许多多的爱好者。篮球架子的高度启示我们，一个"跳一跳，够得着"的目标最有吸引力，对于这样的目标，我们才有兴趣去追求。我们是不是经常给自己定这样一些目标：我明天要开始体育锻炼？我要学习乐器？我要学习英语？开始几天总是热血沸腾，信誓旦旦，但过不了多久就像泄了气的皮球，目标总是难以达成。为什么？因为目标不具体不明确。

　　我们要制定什么样的目标？这个目标首先应是量化目标。有一个这样的故事。法国一家报纸进行了一次有奖智力竞赛，其中有这样一个题目：如果法国最大的博物馆罗浮宫失火了，但只能抢救出一幅画，你会先抢哪一幅？该报收到了成千上万的答案。最后法国有个著名作家贝尔纳以最佳答案获得了该题的奖金。他的答案是："我抢离出口最近的那幅画。"贝尔纳用一句话告诉了我们目标的三要素：明确的，可实现的，要努力的。所以在家庭教育中，我们也要为自己设定这样一个目标，既有明确的任务，又是通过自己努力可以实现的，作为我们养成良好习惯的一个起点。

2. 寻求方法。有了目标就要找到实现目标的最好方法，好的方法可以事半功倍，不好的方法往往事倍功半，恰当的方法是通向成功的最好钥匙。李开复先生年轻时是个志向远大的人，但演讲能力却是他的"短板"，因为他一上台就紧张、恐惧。他给自己定下了一个目标，一定要培养自己的演讲能力。为了达到这个目标，李开复经过反复思考，精心为自己设计了一个"习惯配方"的执行体系：一是每月必须主动设法演讲两场；

二是每次演讲必带一个朋友，让他毫无保留地指出自己的优缺点；三是每次演讲前必预演三次。然后李开复很认真地开始执行，并变成了他的习惯。没想到这样坚持几年后，许多人听了他的演讲，都惊叹他是"天生的演说家"。当我们准备开始养成一个习惯时，也要找到一些适合自己的方法，这个方法符合自己的个性特点，自己就乐于接受，就能更快实现目标。

3. 坚持不懈。美国著名教育家曼恩说："习惯像一根缆绳，我们每天给它缠上一股新索，要不了多久，它就会变得牢不可破。"俗话说"万事开头难""好的开端是成功的一半"，培养习惯也是一样。一个习惯的养成，差不多要一个月左右。根据美国科学家的研究，一个好习惯的养成为21天，90天的重复会形成稳定的习惯。所以一个观念，如果被别人或自己验证了21次以上，它一定会形成你的信念。事实上，养成任何非天生的好习惯，都是在挣扎中完成的。作为家长，自己坚持不了的，又怎么能要求孩子坚持呢？家长要成为孩子好的榜样而不是失败的例证。1948 年，牛津大学举办了一个"成功秘诀"的讲座，邀请到了当时声誉已登峰造极的丘吉尔来演讲。几个月前媒体就开始炒作，大家翘首以盼，这天终于到来了。会场人山人海，水泄不通，全世界各大新闻机构都到齐了，人们都洗耳恭听这位大政治家、外交家、文学家的成功秘诀。丘吉尔用手势止住大家雷鸣般的掌声，开始演讲："我成功的秘诀有三个：第一，决不放弃；第二，决不、决不放弃；第三，决不、决不、决不能放弃！我的讲演结束了。"说完，他走下讲台。会场上沉寂一分钟后，才爆发出雷鸣般的掌声，经久不息。养成习惯最关键的一点就是坚持不懈。只要坚持下来，就能达成目标。

4. 循序渐进。不要想着养成习惯能一气呵成，任何习惯的养成都是循序渐进的。刚才提到了每天在缆绳上加一股绳索，其实习惯培养的基本方法就是加减法。也就是说，培养好习惯用加法，改正坏习惯用减法。用递减法减去自己的不良习惯，就像戒毒。在阿姆斯特丹大街上你会发现有的店里卖毒品。大家可能会很奇怪，全世界都在戒毒，这里怎么还公开卖毒品呢？荷兰人说，我们是卖给那些戒毒的人的，他的毒瘾一下子戒不掉，我们允许他们微量吸毒，凭一个证，可以来买点儿，让他逐渐减少。这就是递减法。我想这是很有道理的。坏习惯就和毒瘾差不多，用递减法去矫正，就是说如果他的坏行为比原来次数减少，就可以容许他甚至奖励他，一次比一次少，直到完全消灭，用心理学的语言表述叫作系统脱敏法。在一段时间，不要想着一下子养成很多好习惯，改变不少坏习惯，循序渐进、周而复始，最终就能成为自己孩子良好习惯的导师。

有人问禅师："成功对于我们普通人来说是否很遥远？"大师说："并非如此，成功对于每个人其实都只需要两步，一

步开始，一步坚持，就会功到自然成。"从今天起，改变自己

的习惯，坚持下去，你会发现教育孩子并不那么难。

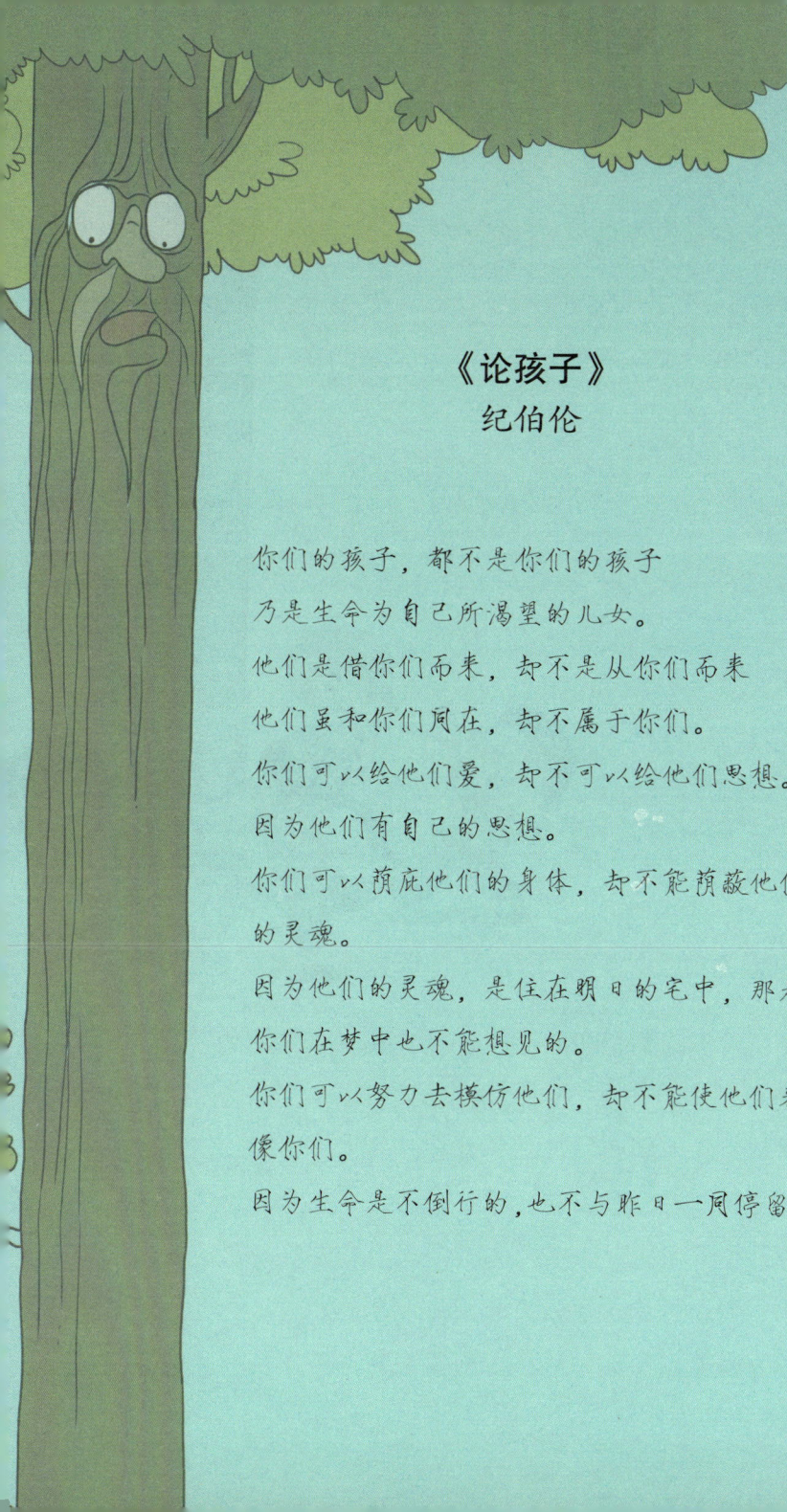

《论孩子》
纪伯伦

你们的孩子，都不是你们的孩子
乃是生命为自己所渴望的儿女。
他们是借你们而来，却不是从你们而来
他们虽和你们同在，却不属于你们。
你们可以给他们爱，却不可以给他们思想。
因为他们有自己的思想。
你们可以荫庇他们的身体，却不能荫蔽他们
的灵魂。
因为他们的灵魂，是住在明日的宅中，那是
你们在梦中也不能想见的。
你们可以努力去模仿他们，却不能使他们来
像你们。
因为生命是不倒行的，也不与昨日一同停留。

你们是弓，你们的孩子是从弦上发出的生命的
箭矢。
那射者在无穷之间看定了目标，
也用神力将你们引满，使他的箭矢迅速而遥远
的射了出来。
让你们在射者手中的弯曲成为喜乐吧。
因为他爱那飞出的箭，也爱了那静止的弓。

品质篇

品质是人格中最重要的因子，父母的良好品质对于孩子，不仅仅是一种行为的引导，更在于行为之外的收获，以及激发的人性潜能和光辉。

　　如果要列出我们生命中最重要的五个人是谁，凡是父母，一定把孩子排进了前五位，甚至很多父母将孩子排在了第一位。我们都把孩子当成了自己生命中最重要的人，但在孩子心目中，父母是什么样的地位呢？

　　去年，我应邀到一所中学观摩高二的一堂公开展示课，课程的内容是《如何成为美丽女生》。课堂上，老师问了全班女生一个问题："你心目中最美丽的女性是谁？"女生们都在小纸条上写下答案。当她们一一公布答案时，全班二十几位女生居然没有一位认为最美的女性是自己的母亲。无独有偶，一所国外调查机构在调查亲子关系时，问美国的孩子和中国的孩子同一个问题"你最崇拜的人是谁？"美国的孩子把父母排进了前三位，中国的孩子却把母亲排在十位以后，父亲更在母亲之后。这是什么原因呢？

　　在家庭教育中，我们的父母一味地要求孩子做这做那，学这学那，却忘记了自我的成长。在孩子的眼中，我们暴躁、易怒、专制、蛮横、无理、多疑……这样的父母品质不高、修养不够，孩子不仅不喜欢，甚至会反感。家长常常陷入两个误区：一个是心态的误区，家长常有种居高临下的心理，认为自己比孩子懂得多，孩子一定要按照我们的想法去成长；另一个是观念的误区，家长一般只注重说教和指导，忘记了身教比言传更重要。其实对孩子的带动力，行动比语言更强，这是行为的同频共振效应。要求孩子做到的，父母一定要自己先做到，自己有了优秀的行为品质，孩子才会耳濡目染，自然习得。那么，父母该如何来培养自己的优秀品质，继而影响传承给咱们的下一代呢？

一、学会微笑

在繁忙的工作、烦琐的生活中，很多人已经不会真正微笑了。国际最新研究数据显示，儿童每天的笑容大多在 400 次以上，成年人平均每天只笑 8 到 15 次，而中国的成年人每天只笑 2 到 5 次。在一所学校举行的"画出你心目中合格父母形象"的活动中，孩子们画出的父母不论高矮胖瘦美丑，大多具有一个共同点：面带微笑。无锡市某小学一个班级布置了一个作文《谁是最亲的人》，结果奶奶和外婆夺魁。全班 40 多个孩子，写妈妈的只有 11 个，17 个孩子写了奶奶，写外婆的也比写妈妈的多，写爸爸的更是寥寥无几。很多孩子都在作文中写到老人如何给自己做饭吃，如何接送自己上下学，照顾自己的饮食起居，尤其写到她们还"永远是笑脸"。孩子觉得微笑是父母最美的表情，那么我们要在什么时候对孩子报以微笑呢？

1. 微笑面对孩子的成功

家长们肯定会奇怪，孩子们成功时我们肯定在笑啊，可是大家想想，孩子成功时，我们的笑容真的是纯粹的吗？是真诚的吗？是开怀的吗？

很多人都说，中国的孩子是世界上学习最刻苦、成绩最优秀的孩子，可中国的父母对孩子的满意度却是最低的。听过这样一个故事，在美国的一所学校，中国孩子和美国孩子一块在操场踢球，中国孩子十个球进了九个，中国妈妈却不满意，还在质问："那个球怎么没进去？"美国孩子十个球进了一个，美国妈妈却竖起大拇指，笑着说："Very good！"在妈妈的心中，有成就感的是进了一个球的美国孩子，有失败感的竟然是进了九个球的中国孩子。中国的父母总觉得孩子不够好，不够优秀，都太过焦虑和着急。教育专家孙云晓先生就指出：父母不要给孩子过高的期望，父母过高的期望会让孩子有一种无形的压力，会让孩子产生巨大的焦虑感，我们称之为童年恐慌。

我曾经看过一档娱乐节目，这是一群脑力非凡的人进行比拼，其中有一对父子先后进入中国最强大脑战队，引起了我的关注。

12 岁的儿子进入战队后，主持人问："你最大的愿望是什么？"

孩子沉默了很久，说道："我从小到大从来没有好好休息过、好好玩过，我很想玩几天。"

主持人问："那你想玩几天？"

他想了想，又看了看坐在观众席上的父亲，低下头，说："三天。"

三天，这就是一个如此聪明的孩子如此卑微的一个愿望。

后来他代表中国队与意大利的一位 12 岁的孩子进行 PK 赛。在比赛中，他首先完成考验，但在对方公布答案时，他却突然情绪失控，号啕大哭，整个精神状态几近崩溃，瘫倒在座椅上。所有的人都不知道发生了什么事，父亲忍不住过来安慰他。

他抱着父亲痛哭流涕地说："爸爸，我记对了，但是我摆错了。"

原来他以为自己答案错了，但最后公布答案时才发现他的答案也是对的，他给自己摆了一个大大的乌龙。他为中国队赢得了宝贵的一分，但全场竟意外地没有响起掌声，一片沉默。

主持人在节目结束时，问两个孩子："你们有什么爱好吗？"

意大利的孩子说："我喜欢运动，最喜欢踢足球，除了足球其他球类我也喜欢。"

中国的这位孩子想了很久，却说："我没什么爱好，因为我根本没有时间。我没有节假日，没有寒暑假，就连下课的十分钟都要训练自己的脑力。"

听完两位孩子的回答，观众们都唏嘘不已。我们都说童年是金色的，但是我们却让孩子的童年没有一点颜色。这样的成功真的就那么重要吗？这样的生活真的就是他们想要的吗？

现在有些父母看到别的孩子成功了，自己心态就不平和了，乱搬别人的教育方法。比如，1999年，一对父母用自己摸索出来的教育方式培养出了"哈佛女孩刘亦婷"；2010年，"虎妈"蔡美儿用严厉的教育将大女儿送进了哈佛大学；2011年，又出现了"狼爸"萧百佑将自己的三个孩子打进北大的故事；

2012 年，南京的"鹰爸"则让年仅 4 岁的儿子在雪地中裸跑，以锻炼他的意志力。面对这些成功的个例，我们应该保持平和的心态。每个孩子都有自己的个性特点，适合于别人的不一定适合他。著名教育家林格说：教育就是要给孩子提供一双合脚的鞋。这就是在提醒咱们父母，教育一定要从孩子自身的特点出发，不要一看见别的孩子取得了如何优异的成绩，就羡慕地也想让自己的孩子达到那样的程度，这种功利之心，最终只会让父母陷入教育误区。

2. 微笑宽容孩子的失败

每当孩子犯错时，父母的怒火往往一触即发。法国作家罗曼·罗兰说："人生应当做点错事。做错事，就是长见识。"回想我们的人生之路，谁都曾有过失败的经历。在失败的时候，我们总是很轻易地宽容了自己，但面对孩子的失败却又那么地难以释怀。家长们要记住，犯错误是上帝赐予孩子的权利。父母要正确对待孩子的每一个错误，用平和的语气去给孩子的成长指明方向。

我曾经接触过一个患抑郁症女孩的案例。这个女生读高中后不久就得了抑郁症。孩子从小学到初中成绩都很好，而且还是班干部，一直非常优秀，怎么会出现这样的状况呢？原来在中考前夕，这个女生对自己很有信心，没有像其他同学一样拼命复习，妈妈不高兴了着急了，说过几次，女生仍然无动于衷。终于有一天，妈妈对孩子说："你一定要好好考，你要是考不好我就去跳楼。"孩子听了以后，心理压力巨大，每天晚上不是做噩梦就是失眠，食欲下降。虽然后面的中考成绩还不错，考上了理想的高中，但她从此以后变得小心翼翼，每次考试总会高度紧张，最后得了抑郁症。我想，这是什么样的妈妈啊，父母的一句话可以让孩子上天堂，也可以让孩子下地狱。社会心理学中有一个概念叫作阿伦森效应，大意就是人们总喜欢褒奖不断增加，批评不断减少，而孩子更是如此。在孩子失败时，家长的态度决定了孩子的心态，影响了孩子的性格。

泰国商人施利华，是商界上拥有亿万资产的风云人物。1997 年的一次金融危机使他破产了，面对失败，他只说了一句："好哇！又可以从头再来了！"他从容地走进街头小贩的行列叫卖三明治。一年后，他东山再起。在咱们孩子失败的时候，家长们是不是也可以微笑地对孩子说一句："好啊，我们下次再来。"用微笑等待孩子的下一次成功。

3. 微笑对待孩子的脾气

每个人都有负面情绪的时候，作为成人，还能用理智去克制去调节，但也避免不了情绪失控。作为孩子来说，遇到问题就很有可能只能用发脾气的方式来进行发泄。现在的家长们遇到孩子发脾气时基本上是用这两种方式来处理：一是大声呵斥、责骂；二是毫无原则地退步、退让。事实上，这两种处理方式对化解孩子的负面情绪、提高孩子解决问题的能力非但无益，反而有害。我们应该在孩子发脾气时，使用微笑这种方法。

艾森豪威尔是美国第三十四任总统，他年轻时常和家人一起玩纸牌游戏。他清楚地记得，一天晚饭后，他像往常一样和家人打牌，这一次，他的运气特别不好，每次抓到的都是很差的牌。

开始他只是有些小抱怨，后来，他实在忍无可忍，便发起了少爷脾气。

坐在一旁的母亲看到了，对他说道："既然要打牌，你就要把手中的牌打下去，不管牌是好是坏。"

艾森豪威尔正在气头上，哪里听得进去，还是愤愤不平。

母亲站起来，走到他面前，微笑地看着他，又说："人生就和打牌一样，牌发到你手上，不管是好牌还是坏牌，你都必须面对它。你能做的，就是让浮躁的心情平静下来，然后认真对待它，把自己手上的牌打好，力争达到最好的效果。这样打牌、这样的人生才有意义。"

艾森豪威尔这次把母亲的话听了进去，以平和心态开始打牌，而且他一生也牢记着母亲的这番话，激励自己去积极进取。

后来一步一个脚印地向前迈进，成为盟军统帅，最后成为美国总统。

孩子的个性都是后天养成的，这与家长的态度和引导密不可分。家长在教育的过程中，平和心态，用微笑面对一切，孩子也会从中受到启发和感悟，胜不骄败不馁，坦然面对人生之路。

4.微笑启示孩子的个性

2010年，西安音乐学院大三的学生药家鑫驾车撞倒路人后，将她连刺数刀，导致受害人死亡。这一事件曾在全国引起了轰动。当我们对药家鑫进行指责、抨击、怒骂时，想一想为什么药家鑫会采取这么极端的方式？这与他从小的家庭教育、成长背景是分不开的。事件发生后，当时中央电视台的记者柴静采访了他和他的父母。在采访中，药家鑫哭着说，父亲从小对他要求非常严格，如果不好好练琴就会遭到打骂，甚至被关进黑房子。药家鑫很怕自己的父亲，导致他性格内向，当他遇到问题和困难时，从不敢向自己的父母求助。所以当他开车撞倒路人，发现这个路人爬起来要记他的车牌号码，他当时的第一反应就是父亲知道后，肯定会责骂他。情急之下，他将路人捅死，想一了百了。

药家鑫的案子经过两次庭审。药家鑫其实是戴眼镜的，在第一次庭审中，他没有戴眼镜，因为他觉得没有脸再见自己的父母亲朋，但让他失望的是，他的父母根本没有来到庭审席上。在第二次庭审中，他戴上了眼镜，他意识到这也许是他最后一次在这样的公开场合见到自己的父母了，但让他仍然失望的是，父母依然没有来到庭审席上。药家鑫是带着深深的遗憾离开人世的，他想最后一次吃妈妈亲手做的饭菜也未能如愿。在最后一刻，父母没有原谅他。这不是药家鑫一个人的悲剧，这是一个家庭的悲剧，这更是整个社会家庭教育的悲剧。在药家鑫的成长过程中，如果能让他感受到来自父母更多的宽容和爱，那么这样的事件也许不会发生，说不定现在我们的社会多了一个音乐家，而不是多了一个杀人犯。

会微笑的家长能够给孩子带来自信开朗、宽容大度、乐观坚强的性格特征，这是启示孩子最好的一把钥匙。心理学上有个叫皮格马利翁效应的定律告诉我们，每个人都会不同程度地受到他人和自己的暗示，如果暗示是积极的，便获得积极的影响，反之亦然。所以家长期望孩子成为什么样子他就会成为什么样子。当我们盯着孩子的缺点时，孩子就会朝着缺点的方向发展；但是当我们忽略孩子的缺点而盯着孩子的优点时，孩子的优点则会更加巩固强化。

二、学会等待

教育就是百分之三十的启发加百分之七十的等待，但是现在的教育都太过急功近利。有句流行的广告词：不要让孩子输在起跑线上。这句广告词影响了很多家长，可是我不明白，孩子的起跑线到底在哪里？人生是场马拉松长跑，而不是百米冲刺，起点快的不一定跑到第一，起点慢的也不一定跑成最后一名。所以教育孩子，一定要有耐心，一定要懂得等待。

1. 不去比孩子

中国的父母太爱孩子了，然而我们的很多父母却不知道怎样去爱孩子。我曾经在几所小学做过一次问卷调查，调查问卷中有一个问题是：爸爸妈妈经常对你说的一句话是什么？ 95%以上的孩子回答：爸爸妈妈经常对我说的一句话是"好好学习""认真听课""赶紧做作业""考试考好点"等诸如此类，在收回的几百份问卷中，只有三个孩子回答，爸爸妈妈经常对我说的一句话是"我爱你"。

有一篇名为"别人家的孩子"的帖子曾经风靡网络，帖子写道："从小我就有个宿敌叫别人家孩子，这个别人家的孩子从来不玩游戏、不聊 QQ，天天就知道学习，长得好看，又听话，回回年级第一，找了个有钱的男友，研究生和公务员都考上了，一个月 7000 元工资，会做饭，会家务，会八门外语，上学在外地一个月只要 400 元生活费还嫌多……"这个帖子引起了无数人的共鸣，因为很多人从小就活在"别人家孩子"的阴影中，被一路比着长大。

中国人喜欢比，从小比出身、比成绩、比学校，长大了比工作、比老公、比赚钱，等孩子出生后，后大半辈子都在比孩子。中国的家长有一个通病。孩子考了一百分回来，绝大多数父母问的第一个问题肯定是："你们班上有多少个一百分啊？"孩子考了班级前几名回来，父母又会问："你在全年级排多少名啊？"所以说现在的孩子很可怜，从小要跟全班同学比，长大后要跟全校同学比，跟全市同学比，甚至跟全国全世界的孩子比。

现在的家长都想把孩子送进所谓的"名校"，认为只有进了"名校"，才觉得脸上有光，孩子的未来才有了保障。有一位家长，在孩子小学毕业时，到处托人找关系，想把自己的女儿送入当地的重点中学。老师建议说："您的孩子学习基础差，自尊心又强，进了重点学校后如果跟不上，反而会伤害她。"这位家长却说："我左邻右舍的孩子都进了重点中学，我的同事同学的孩子也都进了重点中学，如果我的孩子上不了重点中学，会让人笑话的，你要我的脸往哪里搁？"就是为了不让人笑话，这位家长交了大量赞助费，终于如愿以偿。可是孩子由于基础差，每次考试在班里总是倒数第一，连倒数第二都没拿过。孩子在同学面前抬不起头来，见了老师就想溜到一边，回家也不敢告诉自己的父母，变得沉默寡言。一个学期还没结束，孩子就得了精神病住进了医院。家长为了自己的面子，却毁掉了孩子的一生。

家长在比来比去中，比掉的是孩子的自信心，比失的是自己的自尊心，更比没了孩子对父母的感情。相信每一颗种子都能发芽，每个孩子都会有自己的花期。

2. 不去逼孩子

我们总是举着爱的旗帜，逼孩子做不愿做的事。我们都知道孩子累，但是一到节假日、寒暑假，我们就要把孩子塞进各种各样的补习班。一旦孩子开始学习钢琴、舞蹈，就希望他将来成为未来的"郎朗""杨丽萍"。据说中国目前有三千万琴童，这么庞大的一个数字足以让世界震撼。每年任意一个机构组织的任何一个所谓的少儿才艺大赛，都会有成千上万的家长带着孩子争先恐后地报名、比赛、获奖。我无数次看到这些孩子在比赛中一脸倦容，神情木然。有一次，和一位参加比赛的小男孩聊天，知道他从三岁就开始练习钢琴，每次比赛都能获奖，但最后，小男孩对我说道："阿姨，我现在最想做的就是把我的钢琴砸掉。"他伸出自己的手，指着手背上一个黑点，告诉我，这是他练琴不认真时，妈妈用铅笔戳出来的印子，成为他永远的伤痕。这个还只有六七岁的孩子，脸上完全没有他这个年龄阶段的童真，反而是一脸的愁容。孩子们到底需要什么？家长们又到底了解孩子多少？很多时候，我们往往以爱的名义犯错，希望孩子们能朝着我们设计的方向发展，获得无数的荣誉，为我们当父母的增光添彩，帮助我们赢得掌声。我们以自己的经验逼着孩子去做我们认为正确的事情，到最后孩子最多只能成为另外一个我们，甚至比我们还不如。

不去逼孩子，给他们应有的尊重。这种尊重应该体现为一种地位，两种权利。一种地位就是平等的地位，把孩子看作是独立的个体，与我们放在同一位置上。两种权利，一是选择的权利，让孩子自己选择想做什么不想做什么，即便是在他们还小的时候，他们也能做出在那个年龄阶段应有的选择，对于孩子的选择，家长应该给予充分的尊重；二是申诉的权利，不论孩子做了什么或是做错了什么，不要及早下定义，不要过早地以我们的是非观来进行评论，而是要让孩子申诉为什么要这样做，以后应该怎样做。人生的道路，孩子只能靠自己一步步走，家长应该指引但绝不应该替代，更不应该强制。每个孩子身上都有巨大的成长潜力，这种成长潜力有自己发展的规律与方向，作为家长只能配合、引导、鼓励，孩子才能将自己的潜力充分发挥。

3. 不去怨孩子

现在很多家长以为不去体罚孩子，就是一种科学的教育方法了。经常听到有家长抱怨孩子：你怎么这么笨？你连这个都不会？我小的时候比你强多了！诸如此类，还有更难听的话。不少父母总是用"没出息"来抱怨自己的孩子，孩子没考好是没出息，孩子写不好作文是没出息，孩子被老师批评了是没出息，孩子比赛没拿到名次还是没出息。家长们不知道，在孩子成长过程中，经常被父母这样抱怨，会让孩子形成胆小的性格，失去自信心，或者产生对立情绪。孩子虽小，心理却很敏感，家长的每一句批评或抱怨，都能让那些幼小的心感到悲伤和痛苦。"哀莫大于心死"，现在的家长是很少体罚孩子了，但用尖刻的语言奚落、讽刺、挖苦孩子，表面上比体罚文明，实际上给孩子带来的伤害更大。体罚伤害的是孩子的身体，而心罚伤害的却是孩子的心灵。受心罚的孩子自尊被摧毁，自信被打击，智慧被扼杀。席勒说："我们总是希望得到别人的赞扬，同样我也非常讨厌别人的指责。"你抱怨孩子笨，孩子不会因此而变得聪明，长期强化这种意识，孩子就会背上沉重的负担，认为自己就是笨孩子，这就是心理学上的"诱导性智愚症"。

台湾作家林清玄做记者时，曾报道过一个小偷作案手法非常细腻，犯案上千起。在文章的最后，他情不自禁地感叹：心思如此细密，手法那么灵巧，风格这样独特的小偷，做任何一行应该都会有成就吧。林清玄不曾想到，他二十年前无心写下的这几句话，竟影响了一个青年的一生。如今，当年的小偷已经脱胎换骨，成了几家羊肉火锅店的大老板。在很多年后的一次邂逅中，他诚挚地对林清玄说："你那篇特稿，打破了我生活的盲点，让我发现，除了做小偷，我还可以做其他正当的行业，但这以前，从来就没有人对我说过。"

一个小偷得到肯定后都能改邪归正、重新做人，可见肯定的力量多么强大，多用欣赏的眼光去寻找孩子的优点，而不是时时抱怨、处处指责，你会发现每个孩子都是一道独特的风景，都能创造一个美丽的世界。

三、学会积极

英国作家狄更斯说："一个健全的心态，比一百种智慧更有力量。"积极的心态对每个孩子的一生都很重要，它总是与乐观、自信、成功联系在一起。教育家斯宾塞说："孩子很容易受到家长的影响，如果他感受到你的积极，他会慢慢获得一种美好的人生感觉，信心倍增，人生目标感也越来越强烈。"积极的家长总能培养出向上的孩子，传承给孩子美好的品质。

1. 乐观的心态

家长的心态决定了孩子的性格，也决定了孩子的成长方向和未来发展。

迪翁是美国著名的潜能开发大师。他讲课富有激情，极具感染力，深受大家欢迎。他常常用一句话来激励人们进行积极思考："任何一个苦难与问题的背后，都有一个更大的幸福！"
这是他的招牌话。由于时常将这句话挂在嘴上，他唯一的女儿，
在很小的时候都可以朗朗上口地附和他这句话。

一天，不幸突然降临，迪翁在韩国正准备举行一场演讲，
忽然收到一封来自美国的紧急电报。他的女儿发生了一场意外，
已经送医院进行紧急手术，有可能切除小腿！他心急火燎地赶
回美国。

当看到躺在病床上一双小腿已经被切除的女儿时，迪翁心
如刀绞，他的情绪一下子沉入万丈深渊。这是他头一次发现自
己的口才完全不见了，笨拙得不知如何来安慰这个热爱运动、
充满活力的天使！

然而他的女儿似乎并没有太多的沮丧，她感受到了父亲的
痛苦，笑着安慰他："爸爸，你不是常说，任何一个苦难与问
题的背后，都有一个更大的幸福吗？不要难过呀，这或许就是
上帝给我的另一个幸福。"

迪翁无奈又激动地说："可是，你的脚……"

小女儿非常懂事地说："爸爸放心，脚不行，我还有手可以用呀！"

听了这样的话，迪翁虽有几分心酸，可也欣慰不已。装上假肢后的女儿已经无法跑步，只能缓步走路，不能参加垒球队的训练了。两年后，小女孩升入中学后，她再度入选垒球队，成为该队有史以来最厉害的全垒打王！因为她的腿不能走路，她就每天勤练打击，强化肌肉。她很清楚，如果不打全垒打，即使是深远的安打，都不见得可以安全上垒。所以唯一的把握，就是将球猛力击出底线之外！

这是一个乐观积极的小女孩，在最艰难的时刻，她留给人们的依然是微笑，因为她父亲的那句话已经深深地印在她的大脑里。父亲乐观的心态给她带来了生活的阳光，即使灾难来临也变得不再可怕，而她本人也更有信心、有能力面对未来。

2. 向上的状态

马文仲这个名字大家听说过吗？17 岁时，马文仲因为家族遗传病"进行性营养不良症"而瘫痪在床，行动不便的他在家里办起了一所希望小学。二十年来，几千名家庭贫困的孩子因为有他才走出了黄河滩。导演谢晋曾以他为原型拍摄了电视剧《牵手人生》，在海外三十几个国家展播后，引起了巨大反响，这也是谢晋一生中唯一执导的一部电视剧。

马文仲有一个儿子马会朝，他知道若干年后，儿子也会得和他相同的病，他所经历的不幸将一一在儿子身上重演。他怕病魔将儿子击垮，所以他要在离开人世前，在儿子心里种下坚强。他让儿子每天送自己去给学生上课，瘦弱的儿子每次推着轮椅都气喘吁吁，他不理解父亲为什么要这样做。在课堂上，马文仲变形的双腿跪在地上，仅凭一只手的力量支撑着全身，另一只手给学生上课。几年陪伴的时间终于让马会朝明白了，父亲跪着的是腿，挺立的却是胸膛。马文仲想写一本自传小说，让儿子知道，疾病不可怕，可怕的是没有面对的勇气。他给小说取名《站起来》，希望儿子能堂堂正正地站起来。他无法写字，只能用一根手指敲击键盘，一个字一个字地输入，就这样22万字的小说艰难地完成了。拿着辛苦赚来的稿费，马文仲又建起了一所幼儿园。2008年马文仲去世后，马会朝继承父亲遗志开始管理希望小学。当病魔如期而至时，他就像父亲一样坚强向上坦然面对。他还写了一本纪念父亲的书《黄河滩上的父亲》，因为他一直记得父亲所说的：遗传给你疾病，也遗传给你品质。

作为父母，不要轻视自己的一言一行，更不要忽视自己品质的培养，向上的精神状态和乐观坚定的心态，会影响孩子的一生，并改变孩子的命运。

四、学会反省

自我反省是一个人得以检讨自己、优化自己的有效途径，只有懂得反省的人，人格才能不断趋于完善，才能真正成长起来。正如德国诗人海涅所说：反省是一面镜子，它可以将我们的错误清清楚楚地照出来，使我们能有改变的机会。

承认和接受自己的缺点，继而接受孩子的缺点；承认自己无法改变的事实，从而接纳自己和孩子的不完美，客观地看待自己与他人，有容纳一切的心胸，我们才能无条件地爱孩子。每个人都会犯错。在陪伴孩子成长中，家长更是免不了犯错。孩子犯错时，我们会要求他认错；但我们做错时，对自己孩子说过"我错了"这三个字吗?

美国著名的教育家卡耐基在年轻的时候，有一段时间总是不自觉地去呵斥自己的儿子，并时不时地挑他的毛病。一天，当卡耐基大声斥责了儿子之后，他的儿子什么也没说，只是上前抱了抱他，并亲吻了他一下，然后跑走了。当时的卡耐基一下子就愣住了，儿子的热情和大度使他突然清醒了。他意识到，最近一段时间他是多么愚蠢，对儿子多么严苛，他是在用成年人的标准，要求他那个还是小孩子的儿子，他感到自己实在是太过分了。为了表示歉意，他给自己的儿子写了一封长长的道歉信。在信中，他进行了深刻的自省，并用真诚的态度向儿子道了歉。

卡耐基的儿子非常幸运，因为他有个善于反省，又敢于向他承认错误并道歉的父亲。作为家长，是否也应该从中有所感悟呢？

英国著名教育家斯宾塞说："受委屈的孩子很少会去反省自己有什么过错，因为愤怒和不平占据了他的心灵；而被感动的孩子则常常反省，因为感动增加了他内心的勇气和智慧。"

对于孩子来说，父母善于自我反省，肯向他承认错误并真诚地向他道歉，是最能感动他的事情。家长的自我反省也是最巧妙的教育方法。当然，家长向孩子认错、道歉，并不是要无条件地向孩子妥协，纵容他，而是要告诉孩子，每个人包括家长都有犯错的时候，都是在不断成长的过程，并让孩子通过家长的言行学会反省、学会在做错事后勇于承担责任，并能够真诚地向人道歉。所以，当家长向孩子道歉时，不要只是简单的一句"对不起"完事，一定要将自己做错的地方说给孩子听，并说明向他道歉的原因。这样才能让孩子明白是非对错，才会真正触动孩子的心灵，使他以后能够以家长为榜样。

有这样一个故事。

一个孩子放学后，在客厅里打篮球，不小心将书架上的一个花瓶打落在地，花瓶的瓶口摔掉一大块。这可不是一个普通的摆设品，而是祖上传下的古董。孩子担心妈妈责骂，情急之下慌忙把碎片用胶水粘起来，胆战心惊地将花瓶放回原位。

妈妈回到家后，发现了花瓶的"秘密"，但她什么也没说。

吃晚餐时，妈妈问孩子："是不是你打碎了花瓶？"

孩子灵机一动，说："不是我，是野猫打碎的。今天放学后，我看见一只野猫从窗外跳进来，怎么也赶不走，它在客厅里上蹿下跳，最后碰到架子上的花瓶，花瓶就打碎了一块。"

　　母亲很清楚，孩子在撒谎，因为每天上班前，她都会把窗户一扇扇关好，下班回来后再打开。

　　母亲不动声色地说："是我疏忽了，我没有关好窗户。"

　　睡觉前，孩子在床上发现一张便条，是母亲让他马上到书房去。孩子忐忑不安地来到妈妈面前。

　　妈妈从抽屉里拿出一个盒子，把其中一块巧克力递给孩子，说道："这第一块巧克力奖给你，因为你运用神奇的想象力，杜撰出一只会开窗户的猫，以后，你一定可以写出好看的侦探小说。"

　　接着，她又在孩子手里放了一块巧克力："这第二块巧克力奖给你，因为你有杰出的修复能力，虽然用的是胶水，但是裂缝黏合得几乎完美无缺。不过，妈妈要告诉你，这是修复纸质物品的，修复花瓶不仅需要黏合力更强的胶水，而且需要更高的专业技术。明天，我们把花瓶拿到艺术家那里，看看他们是怎样使一件工艺品完好如初的。"

母亲又拿起一块巧克力，说："最后一块巧克力代表我对你深深的歉意，作为母亲，我不应该把花瓶放在容易摔落的地方，尤其是家里有一个热衷于体育的男孩子。希望你没有被砸到或吓到。"

听到妈妈的这一番话，拿着手中的三块巧克力，孩子羞愧地低下了头。从那以后，孩子再也没有撒过一次谎。

这是一个很有智慧的妈妈，她知道一切有关孩子的问题，都和家长有关。"我的孩子爱撒谎""我的孩子很调皮""我的孩子不听话""我的孩子很叛逆"，好像你的孩子天生就是一个问题小孩，与你无关。但是，如果你从自身找原因，认为一切有关孩子的问题，都和你有关，都是你的问题，就连孩子打碎了花瓶，也是你把花瓶放错了地方，孩子也会学着从自身找原因，很多问题往往迎刃而解，"问题小孩"也就消失不见了。

行为品质影响着孩子，也体现了作为父母亲的智慧和胸怀。在家庭教育当中，家长的行为品质远远不止是这些，还有许多需要我们去学习和实践。微笑、等待、积极和反省，这些看似简单的品质，在生活当中却往往被家长忽视。这些行为品质在家长与孩子的教育成长中有着非常关键的作用，用得好能够让孩子化蛹成蝶，用得不好则会让孩子作茧自缚。

牵一只蜗牛去散步
张文亮

上帝给我一个任务，叫我牵一只蜗牛去散步。

我不能走得太快，蜗牛已经尽力爬，每次总是挪那么一点点。

我催它，我唬它，我责备它，

蜗牛用抱歉的眼光望着我，仿佛说："人家已经尽了全力！"

我拉它，我扯它，我甚至想踢它，

蜗牛受了伤，它流着汗，喘着气，往前爬……

真奇怪，为什么上帝要我牵一只蜗牛去散步？

"上帝啊！为什么？"天上一片安静。

"唉！也许上帝去抓蜗牛了！"

好吧！松手吧！反正上帝不管了，我还管什么？

任蜗牛往前爬，我在后面生闷气。

咦！我闻到花香，原来这边有个花园。

我感到微风吹来，原来夜里的风这么温柔。

慢着，我听到鸟声，我听到虫鸣，

我看到满天的星斗多亮丽。

咦？以前怎么没有这些体会？

我忽然想起来，莫非是我错了！

原来上帝是叫蜗牛牵我去散步。

情商篇

　　许多家长重视培养孩子的智商，而忽视了情商的培养。殊不知，培养高情商的孩子是家庭教育的一个重要方面，因为丰富的内心世界和阳光的心态在孩子健康成长中可以起决定性作用。

有机构对我国从 1977 年到 2006 年三十年间一千多位"高考状元"进行了跟踪调查，调查结果显示，这些高考状元没有一位成为行业领袖、顶尖人才，职业成就远远低于社会预期。

在孩子的未来，如果不是从事专门的研究工作，其实在学校学习的大部分知识都会被遗忘，但是合作、感恩、反省、创造力、想象力、忍耐力这些都会促进孩子未来职业的发展，这些能力都是情商的具体表现。

什么是情商？情商是一种通过识别情感和理解情感，引起对方内心产生强烈共鸣，从而调整双方情感的一种能力。高情商的家长能通过识别和理解孩子的情感，引起孩子内心产生强烈共鸣，从而激发孩子内心产生一种美好的情感，而这情感会唤醒孩子对美好事物的追求和奋发向上的精神。很多专家认为，人一生中的成就，80% 是由情商决定的，20% 是由智商决定的。

我们来看看这样两位学生的经历。

A：普通工人家庭出身，18岁考入北京大学物理系，本科毕业后进入美国爱荷华大学物理与天文系攻读研究生。28岁获得博士学位。

B：贫寒农家子弟，以优异的成绩考入省级重点中学，被评为省级三好学生，全国物理奥数二等奖，后考入省属重点大学攻读生物技术专业。

这样两位学生看似都很优秀，应该是父母的骄傲。他们是谁呢？A同学是卢刚。他曾就读于美国爱荷华大学，是一位博士留学生。他毕业时因未能获得最佳论文奖，又面临巨大就业压力，开枪射杀了三位教授、一位副校长以及一位和自己同时获得博士学位的中国留学生山林华，在枪杀五人之后，当即饮弹自尽，最终酿成悲惨血案。B同学是马加爵，因与室友发生矛盾，2004年先后杀害寝室的四位室友，最后被执行死刑。

两位原本成绩优秀，前途一片光明的大好青年却成了杀人恶魔，是因为他们智商不够高吗？显然不是。如果当年的卢刚和马加爵有着与他们智商同样高的情商，那么今天他们也许已经有了一番成就，人生的结局会大不相同。怎样培养高情商的孩子，首先我们要成为高情商的父母。

一、做相爱的父母

罗素在《婚姻革命》中说："如果想让孩子长成一个快乐、大度、无畏的人，那这孩子就需要从周围的环境中得到温暖，而这种温暖只能来自父母的爱情。"一个爸爸对孩子最好的爱，就是好好疼爱孩子的妈妈；一个妈妈对孩子最好的爱，就是欣赏并推崇孩子的爸爸。孩子的一半来自父亲，一半来自母亲，妈妈是情感的代表，爸爸是理性的代表，孩子靠情感来滋养他内在的生命，靠理性来发展他外在的世界，两者必须是同步的。否认孩子父母任何一方，也就等同于无意识地否认了孩子的一半。

在家庭关系中，夫妻关系是第一位的、是最重要的，其次才是妈妈和孩子、爸爸和孩子的关系。只有把夫妻关系摆在亲子关系的前面，孩子才能真正感受到安全感，感受到被重视。

2012 年 4 月 13 日，湖南衡阳发生了一起特大杀人案，一家三口在自家的住房内被杀。经确认，凶手是死者肖某的侄儿小明，一个 12 岁的孩子。小明 3 岁的时候父母就离异了，假期他都寄居在姑姑家。小明对姑姑的管教有较强的抵触情绪，一天放学回家后，姑姑不在家，晚饭没有着落，他心中顿生怨恨，将放学回家的表弟表妹杀害，未及离开，等姑姑回家后，又把自己的姑姑杀害了。一个 12 岁的孩子为什么这么残忍？正是父母的离异，亲情的缺失，让这个孩子的心理发生了严重的扭曲。

怎样做相爱的父母，怎样维护良好的夫妻关系呢？

首先是学会表达爱。中国的夫妻一旦进入婚姻，就开始不愿表达、吝啬爱意了，还总是认为把爱情转化成了亲情。其实不论是爱情还是亲情，都需要表达，良好的表达才能使彼此充分感受到爱的温暖，孩子也才能不断延续这种爱的美好。

爱的表达可以分为肢体语言和口头语言两种。在肢体语言中，我们可以经常拥抱自己的妻子（丈夫），经常牵着手一起逛街散步，上班前亲吻对方的脸颊或嘴唇，这些肢体语言都是一种爱的表达。在口头语言中，"我爱你"这三个字就是一种最简单最直接的表达。调查中，我发现很少有家长在平时生活中主动对自己的爱人说"我爱你"三个字。于是，在一次家长课堂中，我要求所有的家长都用手机发条"我爱你"的短信给自己的爱人，开始大家都觉得难为情不愿意发，但最后当大家发出这条短信后，没多久有超过三分之二的人收到了回信，收到了很多温暖的回应。一位妈妈看着手机流下了眼泪，丈夫给她回信：我也爱你，我们的爱一直都在。这位妈妈哽咽着说道："孩子出生后，我再也没有跟自己的老公说过这三个字，今天我才发现其实夫妻之间的爱才是最重要的。"还有一位爸爸也说道："原来这三个字说出来并不是那么难，说出来后才发现自己也很幸福。"

我们常常说要经营婚姻、经营家庭，经营并不需要花费太多的时间、精力和金钱，经常表达、主动表达是夫妻关系发展的重要基础。"好话一句三冬暖"，情话更是能让夫妻之间亲密无间。我认识一对老夫妻，感情非常好，两人每天都手牵手去散步，这么多年从来没有拌过嘴、红过脸。谈到幸福婚姻的秘籍，老先生告诉我，我每天都要抱抱她，牵牵她的手，这已经成为我的习惯了。原来幸福婚姻就这么简单。

其次是理解爱。

在湘潭大学，有一对特别不一样的夫妻。妻子李时华是学校的经济学副教授，丈夫刘卫东却是一个不起眼的小商贩，他在最靠近妻子上班的地方摆了个小摊，专卖红豆饼，每天考虑得最多的经济问题是"菜市场的菜是不是又涨价了"。

刘卫东和李时华本来是一对普通的夫妻，原本有稳定的工作，生活虽不富裕，但却平淡幸福。在李时华29岁那年，她终于鼓起勇气告诉丈夫刘卫东，说她其实一直想继续读书，因为在读师范时，她错失了中专升大学的机会。妻子的这份上进心，刘卫东给予了充分的理解。

为了圆妻子的求学梦，刘卫东承诺："你想读书现在还可以读，我一定支持你。"从 1999 年到 2008 年 9 年的时间里，李时华读到了博士，而刘卫东一个人带着孩子承担起家庭的全部重担。就在李时华完成学业，被湘潭大学聘为教授，生活苦尽甘来的时候，却被确诊为鼻咽癌。这是一种恶性肿瘤，来势凶猛，如果不及时治疗，后果不堪设想。

2009 年下半年，李时华的病情得到控制，向学校申请重新走上了讲台。得知李时华老师带病坚持回到课堂，学生们都很感动。由于李时华在放疗、化疗时脖子被烧伤，视力和听力受到很大影响，所以每次给新学生上课时，她总会有几句特别的开场白："我生过病，喉咙不舒服，所以声音不大，耳朵也听不太清，请大家见谅。"

　　摆在刘卫东夫妻面前最大的问题是，家里实在是没有钱了。为了缓解压力，刘卫东想了不少办法。李时华所在的湘潭大学商学院领导办公室需要找人打扫卫生，每月 360 元，这原本是给学生勤工俭学的岗位。自尊心强的刘卫东咬牙包了下来，说："那是给我妻子治病的钱，能赚到一分是一分。"接着，刘卫东又在湘潭大学附近卖起了麻辣烫，后来看到学生喜欢吃红豆饼，他又开始学习做红豆饼，摆了个小摊。就这样，妻子在讲台上教书育人，丈夫便在她转身就可触及的地方，用最大的爱呵护着她的生命。

　　"想起他的付出，我哭过很多次。"李时华说。生病化疗的时候，每次都是生死考验，她从没掉过眼泪，但只要一想起丈夫受过的苦、为自己做过的事，她就总是无法抑制自己的泪水。

　　李时华常常说："如果不是他，我活不到现在，也不可能实现我的梦想。"

丈夫并非胸无大志，如此坚持，只是为了守护妻子的生命和梦想。此前，他用九年的坚持帮助妻子完成了从一名中专生到博士的人生飞越；如今，他依旧用男人的坚强与担当将羸弱的妻子置于自己的羽翼之下，让她在经历生死考验后，依旧能够满面幸福地追寻自己的梦想。

这对夫妻虽然生活平凡甚至拮据，但他们一定是幸福的、快乐的。在婚姻生活中，我们总是希望对方能够给自己带来快乐，却很少去想自己怎样去给对方带来幸福。

听到一个这样的故事，有一位女主人在自家的门上挂着这样一副对联：回家，忘记烦恼；回家，带回快乐。这两句话虽然平常却蕴含深意。自从挂了这副对联后，夫妻俩相敬如宾、爱意融融，孩子大方活泼、彬彬有礼，一种看不见却感觉得到的温馨、和谐时刻洋溢在家中。当别人问到女主人为什么要挂这副对联时，她说道："其实也没什么大学问，一开始就只是提醒我自己，身为女主人，有责任把这个家打理得更好。而真正的诱因，是我有一回在电梯的镜子里，看到一个充满疲困、灰暗的脸，两条紧绷的眉毛，一双烦愁的眼睛，一个下垂的嘴角，我被自己吓了一跳。我不禁想，我的丈夫我的孩子面对的是这样的脸孔时，会有什么样的反应呢？于是，我想到了孩子在家里的沉默、丈夫的冷淡，也许都是因为我引起的。当晚我和丈夫谈了一晚，第二天就写了这样的对联贴在门上，以便提醒自己。结果，被提醒的不仅仅是我自己，而是我们一家人。"

这是一个聪明而可爱的妻子和母亲。所谓"至亲至疏"，我们常常忽略了身边最重要的人，我们自己办不到的事，却希望别人达成，尤其是亲近的人。在爱中，我们往往忽视了理解，缺乏了思考，家庭关系也就越来越平淡。

然后是包容爱。

有一对夫妇，在婚后 11 年生了一个男孩。夫妻恩爱，男孩自然是二人的宝贝。男孩两岁的时候，某一天早晨，丈夫出门上班之际，看到桌上有一瓶打开盖子的药水，不过因为要赶时间，他只大声告诉妻子："记得把药瓶收好。"然后就匆匆关上门上班去了。

妻子在厨房里忙得团团转，忘记了丈夫的叮嘱。男孩走到客厅，拿起药瓶，被药水的颜色所吸引，觉得好奇，于是一口气都给喝光了。药水的成分剂量很高，即使成人也只能服用少量，由于男孩服药过量，虽然及时送到医院，但仍旧回天乏术。

妻子被突如其来的意外吓呆了，不知该如何面对丈夫，她痛哭流涕、痛不欲生。

当焦急的父亲赶到，看到儿子的尸体，望着悲痛欲绝的妻子，他知道，再多的愤怒、责骂、伤心都于事无补，儿子无法起死回生，妻子却要背负一生的痛苦。于是，他轻轻抱住自己的妻子，说了一句："亲爱的，我爱你。"这句话给绝望中的妻子带来了莫大的安慰，也拯救了一个家庭。

在爱中，接纳对方的不完美，包容对方的缺点和错误，这才是真正的爱。在夫妻相处长长的一生中，我们到最后记住的往往是对方的不完美，而夫妻之道就在于接纳这些不完美。

我和丈夫是传说中的闪婚，认识仅仅 77 天就走进了婚姻殿堂。婚后，才发现我们的性格天差地别，我们的爱好大相径庭。他不做家务、不爱浪漫、不懂风情，怎么看都有一大堆的缺点。我一直以为是我在包容他，后来发现原来他也一直在包容我。我生完女儿刚刚两个月时，正好遇上大冰灾。当时的工作性质决定了我只能到抗冰的一线去。每天我要忙碌到凌晨，甚至要熬通宵，没有时间回家照顾、喂养女儿，丈夫没有丝毫怨言，反而每天开车接送我，并陪着我一起工作。看着从不做家务的他奋力铲冰除雪，我心里十分感动，我明白了所谓花前月下的浪漫都抵不过冰天雪地的陪伴。在婚姻中，如果我们的眼睛能多发现对方的好，多感受对方的爱，自然也就能包容他所有的小缺点、不完美。

很多父母已经意识到给予孩子足够的爱的重要性，但是很少有人意识到，夫妻关系处理不好，给孩子再多的爱也无济于事。他会被卷进各种不良的家庭关系中，受其影响，出现问题。夫妻关系出现问题后，很多夫妻为了孩子拼命遮掩。事实上，这样的遮掩反而会适得其反，孩子远比家长想象中要敏感得多。所以无论对方有多少过错，也不要在孩子面前贬低对方、侮辱对方，要告诉他父母永远是爱他的。父母是孩子的原生家庭，孩子一生的发展都与他的原生家庭密不可分，在孩子的潜意识中会接受父母的模式，以后以同样的模式经营自己的家庭。如果不能摆脱原生家庭对自己的影响，他们将来极有可能遭遇与父母同样的困扰，或者他们因为刻意避免出现与父母类似的问题，采取截然相反的方式去经营自己的家庭，但是物极必反，势必又会产生新的问题。处理好夫妻关系，这是父母情商的第一个方面，也是最重要的一个方面。

二、做示弱的父母

一位俄罗斯女时尚摄影师拍摄了一组名为《母爱的反面》的作品，这些作品中有的孩子被层层棉被包裹起来，有的孩子被关在笼子里，有的孩子双手双脚被绳索捆住，这些都是父母给予孩子所谓的爱。她用极其直观的表现手法描绘了父母强势的爱带给孩子的反而是无尽的束缚，让人深思。在这些作品中，我们不难看到，孩子很痛苦。为什么？因为绝大多数父母总是以爱为名，以一种居高临下的强势姿态出现在孩子面前，我是孩子的长辈，我走过的桥比他走过的路还要多，我的决定总是正确的，孩子必须听我的。但事实上，往往家长越强势，孩子越依赖，越难形成自己的独立个性。懂得向孩子示弱的家长反而成就了孩子的强大。家长一定要理解，示弱并不是软弱，示弱也是一种高情商的表现。

高情商的家长会知道适时"示弱"，会去相信自己的孩子，并依赖自己的孩子。我们在和孩子相处时，不妨让孩子担任这样三种角色。

1. 让孩子当老师

父母总认为自己是孩子的第一任老师，总以师者自居，其实有时我们的表现还不如孩子。有一次，我去参加孩子学校举行的一个残疾人慈善表演活动。活动开始半小时前，孩子们早已搬着小凳子整整齐齐地坐在操场上了，还为家长们摆好了凳子，但是直到活动正式开始，家长们还在稀稀拉拉三五成群地进场。这台节目虽然都是成人的节目，可能很多节目孩子们都看不懂，但每个节目结束时他们都报以热烈的掌声。在家长区里，我却看到不少家长在摆弄手机，旁若无人地接听电话，与边上的家长交头接耳，整个家长区是此起彼伏的嘈杂声。在最后一个节目开始时，几乎所有的家长都站了起来开始退场，地上残留着不少垃圾，后面的秩序一片混乱，而孩子们都规规矩矩地坐着，不时有孩子回过头来看自己的家长，对自己的爸爸妈妈摆手。我当时觉得很惭愧，作为父母，在遵守规则上有时我们还不如自己的孩子。很多时候，孩子已经成为我们的老师，他们用自己的行为告诉我们要给予别人最大的尊重，体现了良好的素养。

《父与子》的漫画书相信很多人都看过，作者是卜劳恩。

在青年时代，卜劳恩有过一段十分灰暗的时期，他找不到工作，每天借酒消愁。

有一天，卜劳恩依然一无所获，情绪低落的他将身上的最后一块钱换成酒喝下肚子后回到了家中。但是在家里等他的儿子克里斯蒂安却没有带给他任何安慰，他的成绩比上次又下降了很多。他狠狠地瞪了自己儿子一眼，什么也没说，回到房间呼呼大睡。

第二天早上醒来时，他习惯性地补写前一天的日记："5月6日，星期一。真是倒霉的日子，工作没找到，钱也花光了，更可气的是儿子又考砸了，这样的日子还有什么盼头？"

写完后，他来到自己儿子的房间准备叫他起床时，发现儿子已经上学了，而儿子的日记本就在床头，他忍不住拿起来看，儿子写道："5月6日，星期一。这次考试不太理想，但当我将这个消息告诉爸爸的时候，他却没有责备我，而是深情地盯着我看了一会儿，这使我深受鼓舞。我决定努力学习，争取下次考好，不辜负爸爸的期望。"

卜劳恩疑惑地看着日记，自己昨天明明是责备地瞪了儿子一眼，怎么会变成深情地盯着他看呢？

卜劳恩又翻开了儿子以前的日记。"5月5日，星期天。山姆大叔的小提琴拉得越来越好了，我想，有机会我一定要去请教他，让他教我拉小提琴。"

卜劳恩吃了一惊，赶紧跑回自己的房间翻开日记本，只见上面写道："5月5日，星期天。这个该死的山姆，又在拉他的破小提琴，好不容易有个休息日，又被吵得不得安生。如果再这样下去，我非报警没收了他的小提琴不可。"

卜劳恩跌坐在椅子上，半天无语。他不知道自己从什么时候开始变得这么悲观厌世，烦躁不安，难道自己对生活的承受力还不如一个孩子吗？从那以后，卜劳恩让自己尽量变得开朗起来，并开始积极地找工作，成为一名乐观的钳工，与此同时他还给多家报刊画漫画，成为德国的漫画大师。当别人问他怎么成为一名大师时，他说道："需要申明的是，那个大师不是我，真正的大师是我的儿子——克里斯蒂安。"

我们可以从孩子身上学到很多，要学会让孩子当老师。很多孩子在学习中遇到困难的时候，会习惯于向父母求助："妈妈，这个字念什么？""爸爸，这道题目怎么做？"这时大多数父母都会马上给出答案，好像不回答不足以显示自己的知识水平，还怕挫伤孩子提问的积极性。其实不然，如果孩子很轻易地从父母那里得到帮助，就会减少思考的机会。父母这个时候可以适当示弱，让孩子自己尝试解决问题。"这个字妈妈也不认识，你自己查查字典吧，再来告诉妈妈好吗？""这道题确实很复杂，咱们一起来看看例题吧，看看谁能先想出解题的办法。"甚至在有的时候，我们还可以让孩子来当我们的老师，向孩子请教问题。这样不但不会在孩子面前没有尊严，还会培养孩子独立思考、承担责任的能力。

2. 让孩子当管家

常言道"虎父无犬子"，可现实生活中的虎父多有"犬子"。有位事业非常成功的朋友，为了照顾好儿子的生活起居，请了保姆、司机、家教，如今孩子已经 14 岁了，自理能力非常差，而且很冷漠，听不进任何人的话。这位朋友一提起自己的儿子就无可奈何，可是他不知道造成孩子现状的最大原因就是他自己。正是他的强大，让孩子觉得自己什么事都不用做，什么都不用管，渐渐孩子觉得一切都理所当然了。无独有偶，一位女强人妈妈在事业上呼风唤雨，由于工作忙，把孩子送进了条件最好的私立学校，而且还配备了一位专职的"佣人"，结果孩子竟然懒到看书的时候，连书都不愿意翻，都要"佣人"在一边为他翻书，而且还疯狂迷恋电子游戏，最后为了玩游戏家门都不出。

都说现在的孩子最缺乏的是责任感，对自己、对家庭、对社会都缺乏责任感，当咱们的父母把所有的事情都大包大揽了又怎么去培养他们的责任感？现在很多父母经常说的一句话是："你搞好学习就行了，家里的事不要你管。"有一次接受一位家长咨询时，家长说："咱们家孩子特别懒，家里的油瓶倒了真的都不会去扶。"我就跟这位家长说："孩子没错啊，你不是教育孩子什么事都不用管吗，孩子听你的话你应该高兴啊。"所以说，如果家长把事情都包揽了，孩子自然就什么都不用做了。如果我们把 20% 的事情留给孩子，孩子就能自己完成 20%；而我们把 80% 的事情留给孩子，孩子也能完成 80%。<u>家长放手越多，孩子的自理能力也就越强，家长放手的程度与孩子的成长速度是成正比的。</u>

家长可以请孩子来当管家，让孩子来决定家里的日常开支，让孩子来分配每个家庭成员的家务劳动，让孩子来管理自己的家庭。这样既能让孩子对自己的家庭有一种强烈的归属感，有一种小主人的意识，还能让孩子明白管理好家庭是一件很难的事情，父母很不容易。这在提高孩子管理能力的同时，也增加了孩子的责任心。

3. 让孩子当参谋

朋友家搞完装修，请我们去参观。走进家门，仿佛走进了一个童话世界，家里装修得五彩斑斓、色彩鲜艳，各种摆设都很有童心，完全不符合这个朋友平时的风格。正在纳闷的时候，朋友笑着解释："这全部是我女儿设计的，这次的装修她是总设计师。"我们都大吃一惊，朋友的女儿才十一岁，居然可以承担新房装修设计这样专业的工作。朋友告诉我们，自己从小就有意识地培养女儿，家里的大小事务都请她做参谋，到现在完全可以当家做主了，所以把装修设计这样的大事也交给女儿全权负责。家长的放手成就了女儿的独立。把孩子当成独立的家庭成员来看待，家里的大小事情都和他商量，请他当参谋，并积极采纳他的意见，孩子的自主性会越来越强，家庭的责任意识也越来越强。

父母和孩子天生就是一个强势、一个弱势，一个主管、一个被管，父母认为，自己在孩子的心中是靠山、是后盾、是随时都可以依赖的对象。在孩子成长过程中，如果父母借助孩子渴求独立的心理，适当地向孩子示弱，给孩子一定的自主权，孩子会有一种存在感、获得感、成就感，这可以激发孩子潜在的能量，在他的人格结构中就会增加和强化自主、自理和自信，对孩子的成长更有利。

三、做感恩的父母

感恩是一种发自内心的、乐观的生活态度，是生活中的大智慧，是我们应学会的大情商。家长在生活中能时刻保持一颗感恩的心，用感恩的态度面对一切，就是对孩子最好的感恩教育。

1.感恩生活，有一颗宽容的心

有两个人在沙漠中行走多日，在他们口渴难耐之际碰到了一个赶骆驼的老人，骆驼上放着一大皮袋水，于是他们便向老人讨碗水喝。老人只给了他们每人半碗水。其中一个人在老人走后，一个劲儿地抱怨老人吝啬，有那么多水却只给半碗，一怒之下竟将半碗水泼掉了。而另一个虽然也知道这半碗水并不能完全解除饥渴，但还是怀着感激之情喝下了半碗水。他们又走了很远，还是没碰到水源。前者因为拒绝喝半碗水死在沙漠中，后者因为喝了这半碗水终于走出了沙漠。老人施舍的分明是一种爱心，而后者喝下的也是一种感激，正是这种感激才支撑他走出沙漠。

美国的罗斯福总统就常怀感恩之心。据说有一次家里失盗，被偷去了许多东西，一位朋友闻讯后，忙写信安慰他。罗斯福在回信中写道："亲爱的朋友，谢谢你来信安慰我，我现在很好，感谢上帝：因为第一，贼偷去的是我的东西，而没有伤害我的生命；第二，贼只偷去我部分东西，而不是全部；第三，最值得庆幸的是，做贼的是他，而不是我。"对任何一个人来说，失盗绝对是不幸的事，而罗斯福却找出了感恩的三条理由。

在现实生活中，不如意事十之八九。在孩子的成长中，也会有很多让家长心烦意乱的地方。如果家长总是去抱怨、去指责，就会让孩子的心灵蒙上灰尘。反之，如果父母时刻以一颗感恩的心面对生活的点点滴滴，不以物喜、不以己悲，孩子的眼睛也总能看到生活中的美好。

2.感恩孩子，有一颗慈善的心

我们总是教育孩子要感恩父母，不少家长也一味地强调生养孩子多么辛苦，为孩子牺牲得太多太多，因而单方面要求孩子感恩父母，而不去体会孩子给自己带来的种种快乐。

在海边，沙滩的浅水洼里，有许多被昨夜的暴风雨卷上岸来的小鱼。小鱼尽管是被困在浅水洼里，然而用不了多久，浅水洼里的水就会被沙粒吸干，被太阳蒸干，小鱼就会干涸而死。

一个小男孩不停地从浅水洼里捡起小鱼，扔进大海。

父母对他说："这里这么多小鱼，你救不过来的。"

小男孩说："我知道。"

小男孩一边说一边捡起一条小鱼扔到海里，说："但是这条小鱼在乎。"

小男孩接着不停地捡起小鱼，说："这条也在乎。"

这个小男孩有一颗多么柔软的心啊，而作为父母的我们不正是缺少这样一份对他人、对世界发自内心的真情吗？家长总以为是自己在陪伴孩子成长的每一天，其实也是孩子在陪伴家长成长的每一天。感谢孩子，带给我们最简单最美好的快乐；感谢孩子，教会我们懂得爱、学会爱、付出爱；感谢孩子，因为他们，我们开始了第二次成长。

3. 感恩苦难，有一颗坚强的心

陈佩斯有无人可及的才华，但也有致命的弱点。他因小品一炮走红后，1988 年就成立了自己的影视制作公司，投资 500 万元先后拍摄了几部影片，但都叫好不叫座，一部接一部地亏损。不久后，与央视的一起版权官司，将他逼入绝境，他的影视公司也因此倒闭。那时，他穷困潦倒到连女儿读一年级的 280 元学费都交不起。1999 年，他和妻子承包了一片荒山，扛着锄头当起了山民。两人在山上建了两间木头房子，一间是厨房一间是卧室，在卧室边上挖了个大坑，里面埋一水缸，外面再用芦苇条一围，就是个露天厕所。在这样艰苦的环境里，他每天还要在山上垦荒十几个小时。两年时间，他成了地道的农民，皮肤像山上的石头一样粗糙，那些长满尖刺的荆棘，他可以轻而易举地用手一把抓起来。付出有了回报，他们两年赚了 30 万。陈佩斯又把自己的影视公司重新挂牌，开始做话剧，居然奇迹般地获得了成功。陈佩斯说："不论什么样的苦难，我都感谢，这让我的人生经历更丰富。"正是有了这种感恩，事业才能成功。

人生之路不可能一帆风顺，总是伴随着艰难曲折。遇到困难挫折时，家长如果能微笑面对，还能感恩，这将会是给孩子上的最生动的一课，也是给予孩子最宝贵的财富。

从此刻起，我要（节选）

从此刻起：
我要多鼓励、赞美孩子，
而不是批评、指责、埋怨孩子。
因为我知道，
只有鼓励和赞美，才能带给孩子自信和力量，
批评、指责、埋怨，只是在发泄我的情绪，
伤害孩子的心灵；

从此刻起：
我要用行动去影响孩子，
而不是用言语去说教孩子。
因为我知道，
孩子的行为不是被教导而成，而是被影响和模
仿而成；

从此刻起：
我要无条件的去爱孩子本来的样子，
而不是去爱我要求的样子；

因为我知道，

那是我的自私和自我；

从此刻起：

我要学会蹲下来与孩子平等沟通，

而不是居高临下的指使孩子。

因为我知道，

强制打压，只会带来孩子更强烈的叛逆和反抗；

从此刻起：

我要用心去陪伴孩子，

而不是心不在焉的敷衍孩子。

因为我知道，

只有真正的陪伴，才能让孩子感受到爱的温暖；

从此刻起：

我要让孩子长成他要长成的样子，

而不是我期待的样子。

因为我知道，

孩子并不属于我，

他只是经由我来到这个世界，去完成他自己的梦想和使命。

从此刻起：

我要成为孩子生命中最好的朋友，

最亲密的伙伴，最慈爱的爸爸（妈妈）

沟通篇

沟通就是让我们走进孩子的内心世界，也让孩子走进我们的内心世界，将两个世界的美好汇聚在一起，共同绘就一个属于孩子的晴朗、温暖、绚丽的新世界。

　　我常常问家长们一个问题：能否说出孩子十条以上的优点？很多家长总是支支吾吾，大多只能说出三四条，但是对孩子的缺点却普遍能一口气说出十几条。六七成的家长对孩子不满，最不满意的就是学习成绩。我们真正了解自己的孩子吗？经常听到家长抱怨自己的孩子这也不行那也不行，我们的眼睛为什么看到的总是孩子的不足，却看不到孩子的闪光点呢？当我们总是带着批判的眼光去和孩子相处时，孩子就已经离我们越来越远。

　　良好的亲子关系本质上就是一种良好的沟通关系。心理学家格桑泽仁曾经说过："你的方法对了，你的世界就对了。"沟通不是简单的说教。现在很多家长把沟通当成了一种家长式的教育，所以亲子关系出现了严重问题，甚至酿成惨剧。

　　在安溪，一位九岁女童朵朵因拿家中的钱，被父亲用打火机将双手烤得血肉模糊。朵朵的父亲说："我希望孩子能勤快、听话些，不要从小就学会偷东西。"朵朵的父亲用了"偷"

这个字，但朵朵为什么会"偷"呢？原来朵朵出生十个月后，就不在父母亲身边，由爷爷奶奶带大，直到6岁时才回到父母亲身边，与父母亲在情感上有疏离。朵朵的父母亲发现，放在家里床头、衣服口袋的钱时常丢失，一问才知道是朵朵拿走了。他们对此很生气。他们认为，孩子不经父母同意随意拿大人放在家里的钱就是偷。俗话说"小时偷针，大时偷金"，不趁这个时候教育，长大了怎么办？朵朵父亲很内向，不善于表达自己，他对孩子的教育采取了最简单、最粗暴的方式。

"哈哈哈，我再也不用你们的钱了……我死后，请为我买一副棺材。"这是一位15岁女孩留给父母的遗书。她生前是梁平县仁贤中学初二（一）班的班长，原本活泼开朗、成绩一直名列前茅，期期都被评为三好学生、优秀班干部，可她却选择了自杀，其原因就是母亲教育方式粗暴。因为品学兼优，她是全班最受老师、同学尊重和欢迎的学生，却很少得到妈妈的肯定。妈妈对她动辄大声责骂，骂得很难听，并且经常不顾场合，让她感到很难承受。母亲随意的责骂让她心里产生了一种强烈的失落感与悲观情绪："我在外面得到那么多尊重，为什么被妈妈'侮辱'得一无是处？"她小小的心灵和强烈的自尊心无法承受这些辱骂，她一遍遍强化了这种落差感，最终选择以自杀的方式来抗争，以维护她那份脆弱的自尊心。

这是两个让我们十分痛心的案例，而这样的悲剧也完全可以避免，问题就出在了沟通上。这两个案例中的家长都选择了最简单的方式去处理孩子的问题，完全没有想过要走进她们的内心世界去看看，到底都藏着怎样的一种渴望和诉求，没有试着从她们的角度去思考这些行为的出现，而是非常"粗暴"地将自己意识强加在了孩子的身上，让她们无法也没有机会表达。特别是这个"女孩班长"，更是感到在母亲与她之间横着一堵墙，无法跨越，她感受不到母亲的真实情感。天下哪有不爱自己孩子的父母，只有不会爱的父母；没有不愿意与孩子沟通的父母，也只有不会沟通的父母。在孩子的成长过程中，亲子沟通可谓是无处不在，无法回避。我们该如何与孩子进行有效的沟通呢？

一、亲子沟通的技巧

1. 认真聆听

听是沟通的第一步。听不仅是要用耳朵听，还要用心去听。我们在和孩子的沟通中就常常犯这样两个错误。

一个错误是我们以为我们自己听了，但实际上我们没有听懂。

小明一身透湿地回到家，手里拿着一个瓶子，高兴地对妈妈说："妈妈，你看我抓的小蝌蚪。"妈妈看着从上到下都滴着水的儿子，说："怎么全湿了？赶紧去洗澡，会感冒的。"

爸爸回到家，看见小玲哭得很伤心，小玲说："我的小狗狗死了。"爸爸连忙安慰："别哭了，我再给你去买一条。"

这两个例子中，妈妈没有关注小明的小蝌蚪，只看见了全身湿透的小明；爸爸也不知道买再多的小狗都不能替换小玲亲自喂养的那条小狗。父母根本就没听孩子在说什么，都只关心了自己在想什么。

我们常犯的第二个错误是，我们总是让孩子听我们说，却很少去听自己到底说了什么。我们平时对孩子说了些什么，我们说的孩子能接受吗？现在的子女都嫌家长唠叨，但家长认为是孩子不懂自己的良苦用心。如果我们真的哪天用录音机来记录自己一天对孩子说的话，然后放给自己听，你可能会有惊人的发现。有一个母亲这样做了，用录音笔将自己一天中对孩子说的话全部录了下来，晚上独自一人听的时候，发现自己录音机里的声音竟是那样的刺耳，简直是噪音，而她也从没想过自己的言语这么可怕，这么喋喋不休，不要说孩子，就连自己都受不了。

那么我们该如何去听呢？首先是放下所有的事情。把我们手上正在做的事情全部放下来，看着孩子认真聆听。换位思考一下，当我们试图和某人沟通时，别人一个劲地打电话、玩手机，这时你会是一种什么心理状态？在孩子说话时，不要忙东忙西，不要左看右看，放下事情，看着孩子，让孩子有一种心理的满足。我们要给孩子以尊重，这种尊重体现在我们与孩子相处的每一个小细节上。然后是面带微笑。前面讲到了我们要学会微笑，当孩子找你诉说时，不论他讲的是一个什么事情，我们都要保持微笑。要知道如果孩子愿意把心中的困扰向家长说出来，通常问题就解决了一半。对孩子来说，家长能随时倾听自己的想法，并且能用微笑接纳自己，这是一种最大的心理支持。最后就是调整心态。以朋友的心态来倾听，而不是以家长的身份，把自己置身于与孩子平等的地位上，不要妄下断语，不要随意打断。一位哲人曾说过："自然赋予我们人类一张嘴、两只耳朵，就是让我们多听少说。"倾听孩子，才能开辟出一条通往相互理解的路。没有一个孩子生来就不喜欢和自己父母说话，在他们的心里，父母永远是自己最亲近的人，和父母在一起应该是最无拘无束的。家长学会聆听，那么孩子有高兴的事，首先想到的是告诉父母，与父母分享快乐；有烦恼的事，也首先希望得到父母的开导，从而为自己分忧。所以沟通的第一步一定是认真聆听。

2. 适时沉默

很多家长认为沟通就是言语的交流。其实沟通有语言沟通和非语言沟通。非语言沟通就是指我们沟通中的眼神、表情、声调和动作等等。有研究者发现，沟通包括 7% 的语言加上 38% 的语音和 55% 的姿态。

经常有家长说，每次我对孩子讲道理，他就是不听，我讲得苦口婆心，他听得轻描淡写，甚至讲多了，孩子还会对家长发脾气。陈妈妈有一个 15 岁的女儿，最近一段时间和女儿的关系非常紧张，甚至到了无法沟通的地步。于是她偷偷看了女儿的日记，这一看让她的心一下子凉透了。女儿日记中的内容大都是发泄对妈妈的不满，对妈妈的称呼都是"讨厌的老妈"。陈妈妈说自女儿出生后就一直尽心尽力地操劳，老公工作忙经常出差，这15年来自己可谓操碎了心，为此自己的事业也耽误了，发展平平。谁知女儿却越来越叛逆，最近与妈妈的关系竟然发展到水火不相容的地步。现在只要妈妈一开口，女儿就一言不发躲进自己的小房间。当我询问她与女儿平时都说些什么、是以什么样的态度与女儿进行沟通后，发现陈妈妈与女儿从小到大的沟通模式都是一本正经的教导式的。陈妈妈自己头脑中有很多非黑即白的原则性观念，不懂得循循善诱，教育女儿习惯以"应该怎样"和"不应该怎样"作为行为标准，对女儿管头管脚，一不满意就板起脸训斥。这样的妈妈即使为孩子付出再多，孩子也不会领情。

美国加州大学的心理学教授古德曼也说过："沉默可以调节说话和听讲的节奏，没有沉默，一切交流都无法进行。"沉默是金，适当的时候选择沉默，往往比责骂、批评、呵斥更有效果，尤其是在孩子犯错误时或者是孩子有负性情绪时，我们用沉默来代替说教，会给孩子留下更深刻的印象，他会去思考自己的行为，也会慢慢地去改变错误。同时，沉默也能让家长进行自我思考，不会因为一时的高兴或气愤妄下断语，不会在没有明白事情的前因后果时乱下结论，沉默给家长提供了更理性分析的空间，更明智决定的时间。

3. 双向沟通

沟通，一定是双向的。在与孩子交流中，常常会有家长对孩子说"不要说了，听我讲"或是"你总是狡辩"之类的话语，这就是一种单向沟通。沟通如果不是双向的，那效果就会大打折扣，甚至还会有副作用。如何进行双向沟通？一是认真回应孩子的情绪。回应包括言语回应和非言语回应。在言语回应中应不时给予孩子肯定、鼓励、理解；在非言语回应中可以给孩子一些拥抱、亲吻、抚摸及眼神的交流，两者可以结合起来使用。二是在沟通中要观察孩子的态度，也就是观察孩子的认可度。如果孩子眼神涣散，心不在焉，家长应该马上停止沟通，因为你说再多也于事无补，这个时候可以换一种方式去沟通，或者下次再沟通。如果孩子表现出积极的态度，那么家长可以抓住机会，与孩子做充分的沟通。

4. 共情同理

共情又叫作同理心。罗杰斯曾这么定义："所谓的共情是指站在别人的角度考虑问题，它意味着进入他人的私人认知世界，并完全扎根于此。" 就是说关心一个人，不能把他作为一个客观物品从外面观察，而是要进入他的世界，并根植于此。

一家三口去外面旅游，在海边散步。

孩子突然说："我一点都不喜欢这里。"

妈妈问："为什么不喜欢这里啊？"

"这里都没有玩具，好无聊的。"孩子这么说道。

爸爸说："真没良心，好不容易抽时间陪你出来玩，你还说这里不好玩，下次不带你出来了！"

这对父母完全没有站在孩子的立场去考虑问题，没有与孩子共情。在孩子眼中，家长花再多的钱，去再远的地方，也许都比不上一个好玩的玩具。

我在网上偶然看到一位高考家长的感言："我对待上高中的儿子，基本上是旁观者，儿子回来给我唠叨学校的事情，考得好不好，他高兴或者难过，我也和他一起高兴或者难过，然后问他下一步怎么办，听听他的想法罢了。路得靠他自己一步一步地走，但是在学业的整体规划方面，走哪条路，如何选择，大事的取舍方面，我发表意见，供他参考。"进入他的博客，才得知他的孩子考入了清华大学。单从这位家长的亲子沟通方法来看，孩子考上重点大学，这是必然的。

要做到共情，就要多去接纳少去问为什么。当孩子表达他的想法或者感受时，父母要多去接纳孩子的感受，而不是总是问为什么会这样，为什么会那样。因为对于孩子来说，他的感受只是感受，只是情绪的正常反应，未必能答上来为什么。同时要积极回应而不是事事认同。共情的主要目的是能感受和了解孩子的想法，尤其要让孩子知道家长了解他，愿意认真倾听他，并不是事事都要赞同孩子的想法。这就要求家长把自己的人生观、价值观、世界观放在一边，站在孩子的角度上去体会他们的感受。需要家长根据孩子表达的内容，适时地用语言表达共情，及时把自己的感受反馈给孩子。孩子在遇到挫折时是最需要家长们理解和支持的时候，也是建立亲子关系的最佳时期，所以家长要抓住时机，设身处地地感受孩子的烦恼、委屈、难过和伤心。刚才讲到了我们怎么回应孩子，但并不是简单回应就够了，而要将问题细化，告诉孩子我们知道他"今天写那么多作业很累"，他"被同学欺负一定觉得很委屈"，等等。当孩子真正感知到父母的这些感受时会真切地体会到自己被理解被关心，所以他们就会更加愿意将自己的苦闷和烦恼向父母倾诉。

5. 正确表达

有了前面的聆听、沉默、共情，最后就是表达了。如何正确表达，是沟通中非常重要和关键的一步。有时候我们心里想的却表达不出，有时候我们这样想的却那样表达，想接纳却成了埋怨，想鼓励却成了批评，想肯定却成了打压。要知道家长的一句话很有可能改变孩子的一生。

一个孩子因为口吃，自卑极了，而他的母亲却对他说：孩子，这是因为你的嘴巴无法跟上你聪明的脑袋之故。这个孩子长大后，成为美国通用电气公司前首席执行官杰克·韦尔奇。

一个女青年考了两次研究生都落榜了，而她已经28岁了，在她挣扎着要不要放弃的时候，她的妈妈告诉她："改变自己，什么时候都不晚。"这个女青年就是29岁考上北京广播学院研究生的敬一丹。

当一位父亲把自己的儿子介绍给儿子的继母时，说：这是全社区最坏的男孩。这位继母立即接口道：你错了，他不是全社区最坏的男孩，而是最聪明的男孩，只是还没有找到发泄热忱的地方。这个孩子就是日后创造 28 项成功黄金法则、帮助了千千万万的普通人走上成功和致富光明大道的卡耐基。

一个 10 岁的女孩因为是黑人，旅游时被挡在了白宫门口，父亲对孩子说：要想改善咱们黑人的状况，最好的办法就是取得非凡的成就。如果你拿出双倍的劲头往前冲，或许能获得白人的一半地位；如果你愿付出四倍的辛劳，就可以跟白人并驾齐驱；如果你付出八倍的辛劳，就一定能赶到白人的前头。这个女孩日后成为美国历史上第一位黑人女国务卿，她是赖斯。

在亲子沟通中，我们首先要表达出我们的爱，这种爱要让孩子觉得是一种无条件的爱，不是成绩好了父母才爱，比赛获奖了父母才爱，或是听话了父母才爱。有一项调查表明，九成孩子认为自己不是好孩子，不听话、成绩不好，这些父母常在孩子耳边唠叨的言语，已成为孩子自认为不是好孩子的主要理由。调查表明，孩子进入小学之后，家长对孩子爱的表达往往取决于分数的高低，这让孩子们觉得父母都是功利的。其次要表达出我们的尊重。每个生命都是生而平等的。在沟通中，如果家长高高在上，自以为是，孩子就会觉得遥不可及，产生代沟。现在很多孩子将日记本上锁，将自己的电脑设密码，有了问题宁愿和朋友、同学说，也不愿意和家长说。在他们心中，家长永远不会成为平等相待的朋友，也就失去了沟通的愿望。另外还要表达出对孩子的信任。家长总希望孩子一次错终生不错，一而再再而三地犯错后，尤其是同类型的错误，家长们往往就开始去质疑，从而恨铁不成钢，家长的不信任是对孩子最大的伤害。孩子的心态是家长心态的折射，家长心态正了，孩子心灵才会舒展、才会快乐。

二、亲子沟通的方法

1. 简短

2011 年，美国喜剧女演员安妮塔·兰弗洛创作了一首《妈妈之歌》。她是三位孩子的母亲，为了照顾小家伙们的起居，她和天底下很多妈妈一样，整天唠叨不停。一个偶然的机会，安妮塔将自己每天絮叨的话写成简短的歌词，配着意大利作曲家罗西尼的《威廉泰尔序曲》唱了出来。当这首《妈妈之歌》被放到网上后，引起了强烈反响。很多网友表示，这首歌写得"太真实"了，而且十分有趣。《妈妈之歌》的歌词是："起床！起床！快起来！去洗脸！去刷牙！记得梳头！这是你的衣服，你的鞋子，你有没有在听我说话啊？别忘了叠被子……"三分钟的歌曲唠叨了 800 多个字。这是一个多么可怕的喋喋不休的妈妈，但这正是大家公认的妈妈的形象。

原来全世界的妈妈都有爱唠叨的通病！那么孩子对家长

的唠叨持什么态度呢？有这样两则真实报道，可以看出孩子的态度：

2006年9月，一位调皮男孩为了"报复"妈妈对自己的唠叨，居然恶作剧地将强力胶水涂抹在妈妈的嘴唇上。结果，妈妈不得不在家人的帮助下来到医院进行"解封"。

2009年9月，著名商品交易网站eBay上出现了一条"雷人"的交易信息：英国10岁女童佐薇嫌奶奶唠叨烦人，把自己61岁的奶奶公然放到网上拍卖，拍价竟然达到了2.05万英镑（约合22.37万元人民币）。

这虽然是两则让人啼笑皆非的恶作剧，但从中不难看出，对于家长的唠叨，孩子们相当反感。我们再看一则调查数据：2009年，某网站"家长版"在天津市第六十三中学及南开区华宁道小学共发放了300份调查问卷，进行了有关"你喜欢什么样的家长"的问卷调查。调查显示，父母的唠叨最让孩子厌烦。其次是父母的观念陈旧，在"你的父母唠叨吗？"的一项调查中，有 51.5% 的小学生、68% 的初中生和 72.4% 的高中生表示父母很唠叨。从中我们可以看到，随着孩子年龄的增加，讨厌父母唠叨的指数也在不断上升。在"如果可能，想不想换一下父母，你最想换谁，为什么？"的调查中，有 12% 的同学选择想换父母，想换妈妈的原因大部分是"嫌妈妈太唠叨，会打骂我"。<u>在沟通中，一定要简明扼要的把你要沟通的重点说出来，不要以为说得越多孩子就听得越多，相反越是唠叨越是让孩子不知所云。</u>

2. 低声

美国一位著名的心理学家曾研究过最佳谈话方式，研究结果表明，低声的谈话方式，比高声的谈话方式更能达到说服别人的效果。后来，这种现象在心理学上被称作"低声效应"。

在生活中，我们经常会遇到这样的教育场景：面对哭闹的孩子，家长越是歇斯底里地高声训斥，孩子的哭声越是不会放低，而是分贝越来越高。其实，孩子的哭声都是被家长的高嗓门"吊"上去的。亲子之间这种"高"对"高"的对抗往往胜负难分，最后会以双方精疲力竭而告终。

我曾经在公共汽车上看到这样一对母子。

小儿子上车后看见汽车的屏幕上正在放《喜羊羊和灰太狼》的动画片，于是很兴奋地大声嚷嚷："妈妈，快看，是喜羊羊！"

全车人都被孩子的声音影响了。

这时，妈妈没有大声斥责，而是弯下腰来，轻声问儿子："悄悄告诉妈妈，哪个是喜羊羊啊？"

儿子听到妈妈这么说，马上用很小的声音，指着前面告诉妈妈。

妈妈又轻声说道："我们不说话，听喜羊羊说什么好不好？"孩子一下子安静下来。

这就是低声的效应。实际上，这也反映了沟通中的一种规律：心平气和地讲话，对方会平静地应答；但如果满怀怒气地大声嚷嚷，对方也会不耐烦地高声回应。这种沟通规律提醒我们，在家庭教育中"有理不在声高"。当家长与孩子沟通时，不管是提醒他们、批评他们，或是讲述什么事情，用比较低的声音，往往比用较高的声音效果更好。从生理心理学的角度，比较高的声调容易使血液循环加速，而且情绪的波动比低声要大，情绪的稳定性受到影响，进而会影响到人的思维和心态，亲子之间的沟通也会收到不良效果。低声使情绪能更加平稳，也能使沟通更加充分，影响更加深入。

3. 有度

有位父亲对孩子的教育方式比较独特，他从来没有辅导过孩子的功课，而是每天回来跟孩子聊十分钟，只聊四个问题，就完成了他的家庭教育：一是学校有什么好事发生？二是今天你有什么好的表现？三是今天有什么好的收获？四是有什么需要爸爸的帮助？看似简单的问题背后其实蕴含着丰富的含义：第一个问题其实是在调查孩子的价值观，了解他心里面觉得哪些是好的，哪些是不好的；第二个问题实际上是在激励孩子，增强他的自信心；第三个问题是让他确认一下具体学到了什么；第四个问题则有两层意思，一是我很关心你，二是学习是你自己的事。就是这简简单单的四个问题，包含了很多关爱关怀在里面，事实上也证明这种方式很科学、很合理、很有效。这也告诉家长们，沟通并不是越多越好，而是要恰如其分、适时有度。

把握沟通的度不仅在内容上，还要从地位上去把握，就是父母与孩子沟通的地位要完全平等，要体现对孩子足够的尊重。如果家长一直处于一种居高临下的状态，孩子必须唯命是从、不可忤逆，也许在一定时期内可以收到教育的效果，但是长久下去，孩子就会出现抵触的情绪。特别是到了青春期的孩子，随着自我意识的不断增强，会表现出明显的抗拒和叛逆，这就更需要家长在沟通上把握好"度"。

有一位家长曾经跟我说，她的女儿今年 14 岁了，有许多的不良习惯。比如，做作业的时候喜欢吃零食、东西乱扔、丢三落四等等。虽然常常教育她，但是女儿总是左耳朵进右耳朵出，置若罔闻，说多说重了她还特别不耐烦。我跟她建议，改变你的沟通方式，改变你们的角色地位，由母亲向朋友转变，从一个朋友的角度与她一起探讨这样的行为有什么利弊。在沟通时不要喋喋不休，要态度温和，见好就收，这样也许能够达到沟通的目的，建立比较良性的沟通关系。过了两个月，这位家长发来信息，她改变了沟通的方式，女儿觉得很奇怪，但是表示很喜欢这样的妈妈，而且自觉地改变了很多不良行为。沟通对了，效果也就好了。

亲子沟通在建立良好的亲子关系中是非常重要而且不可替代的，这是家长成长的必修课，如果把握不好，往往会形成在教育孩子上的诸多障碍。当然沟通也必须因人而异，不同性格和气质的孩子应该还有其特殊的交往方式，关键是要用心投入、用心摸索、用心总结，要像干事业一样去教育好自己的

孩子，其实孩子也是我们的事业。寻找打开心灵的钥匙，家长

坦诚相待，孩子真心接受，这种良好的亲子沟通会是孩子成长

的阳光雨露。

妈妈，不要对我发火（节选）

我还记得，我刚出生的时候，你把我抱在怀里，轻轻地摇晃；

我还记得，我牙牙学语时，你不停地对着我重复，哪怕只是一个字；

我还记得，我蹒跚学步时，你总是张开双臂，对我说："来吧，不要怕。"

你的耐心，让我学会了走路和说话。

现在，我人生之路刚刚起步，

才开始尝试着挣脱你的搀扶，

去探索我周围所有的一切，

我也会失败、摔倒。

妈妈，你为什么突然就变得怒目圆睁、说着刺耳的语言、对着我大叫大嚷？

我出生睁开眼看到你的时候，你是我眼中最美的天使，

你有温柔的眼神、鼓励的表情和无私的希望。

妈妈，你对我发火，是不是告诉我，你那里已不再是我的天堂？

虽然我装得满不在乎，可我真的很想努力做好，我真的很害怕，

我不愿看到你因为愤怒而扭曲的脸庞。

我怎样才能让你重新成为我的天使妈妈，

可努力过后，你依然会发火，

因为你需要我完美，

完美得就像那年历中的孩子，可他只是挂在墙上。

我做不到，也很伤心，我一定很让你失望，

虽然你在对我发火时，我装得就像没事儿人一样。

我呆呆地看着你，强忍着眼泪，

不想让你知道，

我无数次躲在被窝里，流着眼泪，怀念着我以前天使妈妈的模样！

妈妈，你能不能回到从前，回到你抱我在怀里时的模样？

人生的道路还很长很长，

我不能保证我不会摔倒、不会失败，不会脾气心化会沮丧。

妈妈，到那时，你能不能还像小时候教我学走路时一样，

对我说："大胆地走吧，不要怕，别害怕！"

管理篇

家庭的管理是有特殊性的，其核心就是要为孩子的成长提供一个健康阳光的空间，这个空间需要精心的设计，让孩子的心灵自由、行为有序、个性丰满。

家是孩子的第一环境，孩子从出生开始，就时刻受环境影响，被环境改变。同一所学校同一个班级的孩子，接受同样老师的教育，学习同样的课程，但学习效果往往大相径庭，有了优劣之分、高低之别。孩子每年有一半的时间在家里，和在学校的时间是一样的。学校有课程表，有严格的作息管理规定，孩子们可以按部就班地学习，但是回到家里，由于家长管理能力的不同，也就导致了同一班级的孩子有了差异。

一、家庭环境管理

对于孩子来说，家不是别墅不是大房子，装修豪华、生活富裕并不是孩子心目中最好的家的样子。<u>家是一种氛围，一种感受，一种能传递爱、传递温暖的地方，这就需要家长懂得去管理家庭环境。</u>

古时候有"孟母三迁"的典故，说明良好的人文环境对孩子的成长是十分重要的。早在二十世纪七十年代报道过的"狼孩"，因为从小与狼居住在一起，所以行为古怪、颇具动物习性，尽管后来被人类收养，也很难学会人类语言，仍保留着一些动物的本性，具备着某种动物的"特异功能"。所以说在生活中，环境造就人才，环境也埋没人才。

1. 给孩子一个独立生活的空间

几年前，有一位妈妈给我打来电话，说自己八岁的女儿在家总是偷偷摸摸的，做什么事都藏着掖着，问女儿是不是有什么心事或者秘密，女儿总是摇头，性格也越来越孤僻。家长很着急，几次想带着女儿来跟我见面，但女儿不愿意。于是，我来到了这位妈妈的家中。一进家门，看到她们家里收拾得很干净，甚至可以用一尘不染来形容，所有物品的摆放都是整整齐齐，井然有序，很难想象这是一个有八岁孩子的家庭。我换好鞋，坐在沙发上，看着没有一丝褶皱的沙发巾，突然有一种手足无措的感觉，这样的环境无形中给了我一种压迫感。我心里已经开始隐约有了答案。

按照我的提议，这位妈妈带我参观了她的房子，房子很大，每间房子都打扫得格外整洁，但每间房子的风格都一样，不知道哪间是女儿的房间。于是，我问这位妈妈："哪间房是您女儿的房间呢？"妈妈说："我女儿没有自己的房间，因为我总觉得她还小，所以让她和我们一起睡，做作业就在我们的书房里做，我觉得这样会把她照顾得更好。"

我已经明白问题在哪了。孩子是一个独立的个体，绝不能依附在父母身上，这么大一个家竟然没有一个地方是属于孩子自己的空间，这个家对于孩子来说已经没有了归属感。

正和妈妈聊着，孩子回来了，很清秀的模样，但我注意到从她换鞋开始，眉头就一直微皱着。孩子那天从学校带了不少资料回来，刚放在沙发上，妈妈马上说："别放这里，赶紧整理一下，放在书房里。"紧接着，妈妈开始絮絮叨叨地告诉孩子先洗手，再喝水，换上家居服，做作业，整个过程就像在指挥着一个木偶。孩子木然地执行着妈妈的指令，面无表情，少言寡语，甚至连看都不看自己的妈妈一眼。

妈妈对着我不停地摇头叹息。我要妈妈别着急，随后走进书房跟孩子聊天。孩子开始很警惕，什么都不愿意说。我一直站在她身边，她终于觉得不好意思了，说："阿姨，你坐啊，你怎么一直站着？"我装作很无奈地摇头，说："我哪敢坐啊，你看你们家这椅子这沙发摆得规规矩矩、整整齐齐的，我可不敢随便乱动。"这样一句话一下子让孩子产生了共鸣，孩子开始抱怨自己进了家门就像进了监狱，时时刻刻在父母监视之下，而且这个家太冰冷，没有一点温暖。

和孩子聊完之后，我建议妈妈，赶紧给孩子一个自己的房间，这个房间就交给孩子，无论多脏多乱让你觉得多么刺眼，都不要加以指责。另外不要把自己的家整理成了一个宾馆，没有人每天来进行卫生检查，保持良好的卫生习惯当然有必要，但是太过了就适得其反，会让人无所适从，找不到家的归属感和温暖感。

妈妈听了我的建议，刚开始改变觉得很难适应，但是慢慢地，她发现自己与女儿的关系越来越融洽了，而女儿的房间在她自己的打理下，也没有想象中那么乱，反而还为这个家庭增加了不少童趣。

在父母眼中，孩子永远都长不大，但是孩子却总是需要成长、需要独立、需要空间的。有条件的家庭，一定要给孩子一个独立生活的房间，在这个房间里，可以任由孩子自己做主，按自己的喜好来布置，孩子对家才会有一种归属感。没有条件的家庭，也应该为孩子创造一个独立的空间。正如梁实秋说过：一个正常的良好的人家，每个孩子至少应拥有一张书桌，而主人应有一间书房。

前一段时间，我去表姐家做客。表姐的房子很小，一共才四十平方米左右，餐厅、客厅、卧室都在一起，表姐别具匠心地做了一个上下铺，儿子睡上铺，四周挂上了非常漂亮的布帘，这个上铺就成了自己儿子独立的空间。家虽小，爱却浓。

给孩子独立的物质空间，就是给孩子独立的心理空间。孩子最终要走向独立，形成自己独立的人格、独立的个性、独立的思维、独立的人生，作为家长就是要逐步帮助他们走向独立，不能一直将我们的生活习惯和个人喜好强加到他们的人格发展上。家长对孩子的个性成长可以施加影响，但不是取代，更不能挤占了他们的空间。孩子的人格发展需要有自己的物质空间，而且要有相对的独立性，家长不要有过多的干涉。孩子都有一个自我沉淀和成长的过程，这个过程有一定的私密性，如果剔除了私密性，让他们把一切都暴露在家长面前，往往就会形成对家长的恐惧，对他们人格和个性的发展会带来负面影响。心理空间是物质空间的投射，物质空间是心理空间的外化，留个独立的物质空间，可以让他们的内心自由地成长，这也是心理成长的一个自然规律，不能违背。

2. 限制孩子接触电子产品的时间

"世界上最远的距离，莫过于我们坐在一起，你却在玩手机。"这原本是一句流行的网络语，却在很大程度上反映了现代人过分依赖、过分钟情电子产品的现状。电子产品在给我们带来庞大信息量的同时，也带来了不少弊端，就如同一把"双刃剑"，尤其是未成年人更深受其害。

一个朋友的儿子从两岁开始玩手机、iPad，不到两年，两眼视力就只有 0.2，医生诊断如果不做手术，已经不可能再恢复视力了。还有一个孩子由于每天长时间低头玩手机，颈椎发生严重问题，小小年纪就开始做牵引。这样的例子不胜枚举，而且就发生在我们的身边。

几年前，长沙某电视频道就做过一个调查，发现三岁的孩子很多都会玩智能手机，但是很少会自己系鞋带。这样的现象并没有引起家长的足够重视，有些家长反而认为孩子有悟性很聪明，认为这也是学习的一种手段。

我们现在经常看到身着校服的学生拿着手机津津有味地看电子书，或在线阅读。由中国新闻出版研究院国民阅读研究与促进中心和中国教育学会小学教育专业委员会联合举办的首次"全国小学生阅读状况在线调查"显示，互联网和手机已经成为小学生的重要阅读渠道，但网络使用的娱乐化倾向较为明显，55.6%的小学生主要网络活动之一是玩电子游戏，手机阅读率为31.3%。

电子产品可以成为孩子认知世界的一部分，但绝不是全部，也不是大部分。哪怕是比尔·盖茨，他每天也只允许自己的女儿上网四十分钟。作为家长，应该要为孩子制定一个接触电子产品的时间表，根据孩子的年龄、身体状况、自控能力合理安排。在孩子小的时候，不严格予以限制，孩子长大后很可能就会染上"网瘾"，后悔终生。家长要引导孩子让电子产品为我们所用，而不是将我们吞噬。

很多家长对于孩子毫无节制地玩电子产品感到束手无策，其实要改变孩子这种习惯，家长应该以身作则，改变自己的家庭环境。首先家长不要过多地在孩子面前玩手机、上网。<u>孩子</u>

的习惯都是家长影响的，一个沉溺于手机的家长往往就会带出一个沉迷于网络的孩子。我女儿读小学一年级的时候，迷上了玩手机游戏，怎么教育都不听。后来我才发现问题不在她身上，而是出在我和丈夫身上，因为那一段时间我们经常在女儿面前玩手机。意识到这一点后，我把手机里的所有的游戏软件都删掉了，自己也很少接触手机。不到一周，女儿就不再玩手机游戏了。其次，家长在遇到孩子问各种"为什么"时，不要一味地去求助网络，求助"度娘"，即便是自己不清楚，也可以与孩子一起查阅书籍，或者是不当着孩子的面查手机，不要让孩子觉得网络无所不能。再次，家庭成员之间的交流可以多元化，不要总是用"今天在网上看到这样一个消息……"来开启话题，而要从我们身边的事情说起。最后家中不要过多地购买电子产品，我看到不少家长为了方便，家庭成员人手一台 iPad，各玩各的游戏，家里几台电视，各看各的频道，这样只会更加纵容孩子对电子产品的依赖，也会疏远心理的距离。

当然，家长并不能一味地拒绝电子产品，毕竟电子产品和网络已经不可逆转地进入了我们的生活，只是现在这些产品和网络严重影响到了家庭成员之间的正常交流和孩子的健康成长。因此，对于孩子用电子产品和使用网络，要有一定的时间限制，或者与某种积极的行为捆绑奖励，这样既可以不离开现代化的媒介，也可以让孩子有更多的时间去接触其他的事物。孩子的发展是需要多方面的行为和活动的，就像饮食，如果只偏好于一两种食品，肯定会营养不良。行为与活动也是如此，必须多样化，这样才不致使孩子的人格和个性发展营养不良。

3. 严格控制孩子吃洋快餐等垃圾食物

2005 年 1 月，《华盛顿邮报》刊载了彼得·古德曼的文章《快餐咬了中国文化一口》。文章指出：对 28 个国家 1.44 万名成年人的调查发现，在中国，41% 的受访者每周至少要吃一次"洋快餐"。文章同时指出："中国目前约有两亿人体重超标，600万人肥胖。洋快餐消费日益增多是造成中国糖尿病和高血压发病越来越多的首要原因。"尤其是从1987年肯德基、麦当劳等快餐进入中国市场后，对孩子的影响更是与日俱增。

　　有些家长总是把吃肯德基等快餐作为对孩子的一种奖励，每到节假日时，这样的洋快餐店就人满为患，尤其以孩子居多。殊不知，由于"洋快餐"具有"三高"（高热量、高脂肪、高蛋白质）和"三低"（低矿物质、低维生素、低膳食纤维）的特点，国际营养学界称之为"垃圾食品"，这些快餐使孩子身心俱损。一个朋友的儿子刚满八岁，体重就达120斤。这个孩子家庭生活优越，父母对他百依百顺，要什么给什么，孩子从小不爱吃饭，就爱喝饮料吃"洋快餐"，每年体重扶摇直上。体重的增加，导致这个孩子身体素质下降，不仅体育考试各项成绩都不达标，平时动一动就觉得累，还经常生病，严重影响到了平时的学习和生活，现在父母心急如焚，想了各种办法都没效果。

其实，在一些调查中发现，有些孩子并不是特别喜欢洋快餐的味道，而是喜欢洋快餐店的氛围。现在的洋快餐店用一些非常简陋的游乐设施，以及一两张小贴纸或是小玩具来吸引孩子的注意力。这些游乐设施的卫生状况令人担忧，而贴纸玩具更隐含着一些不健康的内容，这都会给孩子的健康带来危害。因此从小要严格控制孩子吃洋快餐。一是家长首先要养成良好的饮食习惯，不要过早地让孩子接触饮料、垃圾食品。二是通过一些洋快餐危害健康的图片及周围鲜活的事例来教育孩子。三是多带孩子去一些正规的游乐场，购买一些健康的玩具，让孩子转移对洋快餐店的注意力。

二、家庭文化管理

英国有一个爱德华家族，是真正的书香门第，老爱德华是个博学多才的哲学家，为人严谨勤勉。他的 8 代子孙中有 13

位当过大学校长，100 位教授，80 多位文学家，60 多位医生，1 人当过大使，20 多人当过议员。同样在英国，另一个珠克家族，与之相比则大相径庭，老珠克是远近闻名的酒鬼和赌徒，浑浑噩噩，无所事事，这个家族至今已传下 8 代，其子孙后代中有 300 多人当过乞丐和流浪汉，400 多人酗酒致残或死亡，60 多人犯过诈骗或盗窃罪，7 个杀人犯，整个家族没有一个人有出息。一个家庭的文化环境决定了孩子的未来成长。

那么，怎样加强家庭文化管理？

1. 让书无处不在

现在很多家庭都会为孩子准备书柜，将书整整齐齐地放在柜子中，这对于爱看书的孩子来说没问题，但对于还没养成看书习惯的孩子来说，这些书往往就会束之高阁。家长们不妨让书无处不在，在孩子伸手可及的地方都能看到书拿到书，让孩子生活在一个被书包围的环境中。同时，家长不要以自己的喜好去购买孩子的书籍，更不要用辅导书来代替孩子的阅读书籍。在孩子的每个阶段，都让他有自由选择书的权利，有自由阅读的权利，这样更能培养孩子阅读的兴趣。

父母热爱读书的习惯更会给孩子带来巨大的影响。我从小生活在一个经济条件并不富裕的家庭，物质匮乏但精神生活丰富。爸爸是一个非常爱看书的人，桌子上柜子里都是满满的书。他只要一有空闲时间就是看书，哪怕身患重病在住院治疗期间都在看书，这种习惯也无形之中影响到了我。

妈妈只是一名高小生，虽然学历不高，但也非常喜爱读书看报，而且她还有一个良好的习惯，就是把报纸杂志上的好文章剪辑下来，分门别类地贴在本子上，有时还会在文章旁边写下自己的感想和收获。妈妈去世后，虽然没有留下很多财产，却留下了一箱子剪辑本，一本本翻来，全部是妈妈留给我最宝贵的精神遗产。正是因为父母的影响，我爱上了读书，从识字开始就广泛阅读各种各样的书籍，这样的习惯影响了我的一生，也为我现在的工作奠定了坚实的基础。

2. 接触高雅艺术

很多家长认为高雅艺术都是高大上的，是要专门从事艺术的人才能接触的，其实高雅艺术既可以是阳春白雪的，也可以是下里巴人的。即便孩子没有学习艺术特长，但在孩子的一定年龄阶段可以让孩子去接触高雅艺术。听一场音乐会、看一次书画展、参观一些久负盛名的艺术殿堂，让孩子在接触中感受，在感受中领略，让孩子进入一个不同的世界，这会让他的内心滋生出一种对美好事物的向往，对美好生活的向往。

我的女儿六岁时开始学习钢琴，学了一年后遇到困难就有畏缩情绪，觉得学琴很枯燥，不愿意再学。那段时间正好著名钢琴家郎朗举行钢琴音乐会，我特地把她带到现场，看了郎朗娴熟的表演，她情不自禁地张大了嘴巴。以后我每年带她去听三至四场音乐会，虽然她听不太懂，但她每次都被美妙的音乐陶醉了，内心产生了对演奏家的钦佩，也让她有了继续练琴的兴趣。艺术是最美的生活，让孩子接触艺术就是让孩子的生活变得更加美好，丰富孩子的内心世界，培养更高尚的情趣。艺术是有魔力的，我们很多用言语无法表达的、用行动无法达到的情感，艺术都可以帮助我们去实现。<u>艺术可以帮助我们打开孩子的想象之门、情感之门，可以让孩子的心里变得阳光和清澈，增加无限上进的动力。</u>

3.感受知识美好

学习知识，感受知识带来的力量，家长要让孩子感受这是一件很幸福的事情。有一位爸爸，为了让自己的儿子对学习充满兴趣，很小的时候，就带着儿子在家做各种各样的物理和化学小实验，总是让儿子感到无比的神奇和惊喜，觉得爸爸非常了不起。这位爸爸总是告诉自己的孩子，因为自己学习了知识，知识才是世界上最神奇最美好的东西。儿子自然爱上了学习，也开始琢磨一些小发明，小学毕业就已经有几项发明获得国家专利，成为小有名气的发明家。正是因为家长的正确培养和引导，这位小朋友对知识有了无限热爱和追求，也收获了知识带来的成就。

三、家庭经济管理

现在家庭的经济条件越来越好了，父母都希望让孩子吃好的、穿好的、用好的，导致一些孩子在很小的时候就开始攀比，孩子不懂得节约、不知道珍惜、更不会进行经济管理。家庭的经济管理，也是父母的必修课之一。

1. 该不该给孩子零花钱？

"富养孩子"是现代很多家长的一种观点，都认为再苦不能苦孩子。不少孩子从背上书包开始就有了零花钱，随着年龄的增长，金额也不断增加。孩子从小出手阔绰，相互吃请，甚至还有报道，少数家庭条件优越的孩子每天用零花钱雇佣同学做枪手为自己写作业。一些不良风气正是从孩子过多的零花钱里开始滋生的。那么什么时候给孩子零花钱，给多少零花钱才合适呢？孩子在小学低年级阶段是不必给零花钱的。这个阶段的孩子对钱没有太多的概念，也不知道如何去支配，往往就是把零花钱用于购买校门外的一些三无商品上。到了孩子小学高年级阶段可以适当地给少量零花钱，每次用完再给，但是要孩子说明零花钱的去向，并逐步培养孩子记账的习惯。到了初中以后，孩子有了自我管理的能力，就根据食宿需要给零花钱，但也不要给得过多。

美国石油大亨洛克菲勒虽然拥有巨额财富，但对孩子的零花钱有着严格的规定。他根据孩子不同的年龄段制定不同的零花钱标准。7~8 岁，每周 30 美分；9~12 岁，每周 1 美元；12 岁以上，每周 3 美元。同时规定孩子每周将自己的花销记在账本上，写明花钱的原因和用处。孩子每次向他要钱时，都要把账本给他过目。如果账目清楚而且消费得当，洛克菲勒就会适当增加零花钱给予奖励，反之则会扣除一部分。

有条件的家庭可以为孩子从小建立一个银行账户，将部分压岁钱、奖金、零花钱存入账户，引导孩子自己管理、自己支配，还可以自己投资，对每一笔支出和收入进行记账管理。

我有一位朋友生意做得很大，经济条件很好，但对自己的儿子却非常苛刻，很少给零花钱。儿子从小明白家里条件再好，自己还是要努力。小学时他把家里的各种各样的书租给同学看，中学时开始做一些简单的 Flash 和编程，到了高中就已经开始自主创业，完全可以养活自己了。这样一位财商高的父亲培养了一位财商高的儿子。

2. 该不该给孩子买手机？

手机成为现代人必备的通信工具。很多家庭在小学时就开始为孩子配备手机，觉得联系更加便捷。但据了解，孩子有了手机后，用来与父母联系的时间不足 10%，其他大部分时间都用于玩游戏、与他人联系或是用于其他功能。"水能载舟，亦能覆舟"，现代通信工具亦是如此。在小学阶段，孩子是没有必要添置手机的，甚至中学阶段意义都不大。也许不少家长认为给孩子买手机是为了安全的需要，更有家长认为，手机带来的一切负面影响与孩子的安全相比都无足轻重。然而手机给孩子带来的影响确是弊大于利，过早给孩子配备手机，对孩子的身体健康带来极大影响，影响孩子的视力、听力、注意力，对大脑的发育也会有损害。孩子缺乏辨析事物的能力，对手机内的各种信息不能正确判断，很有可能深受其害。不给孩子配备手机，虽然联系不太方便，但更能锻炼孩子独立自主的能力，遇到困难自我解决的能力。

3. 该不该满足孩子的物质需求？

家长经常有这样的困惑，孩子一天天长大，对物质的需求也一天天增加，往往看到同学同伴买了什么就想要什么。一位妈妈曾经跟我诉苦，女儿上初中后越来越大手大脚，整天要买衣服、买文具，每年都要办生日派对，同学生日也要精心挑选礼物，最近还非要买一个 iPad。孩子们也很苦恼，觉得父母不理解自己。我就听到一位中学生这样说道："爸爸妈妈总是要我节约，我现在穿的是三星牌球鞋，用的书包洗了又背背了又洗，骑的单车也是破破旧旧的，其实家里也不是那么穷，搞得自己都不敢和同学们在一起了。"

物质对人有着致命的诱惑。按照马斯洛的需求原理，当人们满足了基本的生理需要，就会追求更高层次的其他需求。对于孩子的物质需求，家长不必大惊小怪，要正确看待，并合理满足。对于每月固定的消费，要引导孩子做出消费计划，在合理的范围内支出。对于孩子突然提出的消费需求，家长可以采取及时满足、延迟满足、部分满足、不能满足的方式进行区别对待。

记得有这样一句话：经济上的放纵就是孩子成长的慢性毒药，或轻或重。所以，在经济的管理上，主要是要与家庭的承受能力相适应，做到节俭有度。关键是要让孩子懂得父母赚钱不易，让他们认识到每一分钱都是父母通过辛勤的劳动获得的。家长有时不妨让孩子参与自己的工作和劳动，或者参观自己的工作场所，对劳动的体验往往可以增加孩子对金钱的正确认识，也能够体会劳动的艰辛。

如果我能再次养大我的孩子

（英）仑曼斯

如果我能再次养大我的孩子，

我会先蹲下，再温柔地诉说。

我会多将拇指竖起，少用食指指点。

我会拿出更多微笑给孩子。

如果我能再次养大我的孩子，

我会少用眼睛看分数表，多用眼睛看优点。

我会注意少一点责备，而去多一点关心。

我会将板着的脸收藏，

而成为孩子的玩伴，跟着孩子一起跑原野去看星星。

如果我能再次养大我的孩子，

我会早早地将他推出门，尽管我很心疼。

我会多拥抱，少搀扶。

我不再追求对权力的爱，我会效法爱的力量。

如果……，
如果，已经没有如果，
我不再后悔过往行动，从当下开始！

态度篇

态度应该还是一个哲学概念，包含了对人生、事物和行动的认知，有已知和未知、有期待和希望，积极的态度总是让人感受到了生活中的阳光灿烂，总是让人充满前行的力量。

罗曼·W.皮尔说过一句名言：态度决定一切。中国足球队前主教练博拉米卢蒂诺维奇也曾说过：态度决定一切。正是在这种理念的指导下，他带领中国足球队第一次也是迄今为止唯一的一次杀入世界杯的决赛。虽然这句话过于强调态度对成功的重要性，忽视了成功的其他条件，但是也说明了态度是做好一切事情的前提，是成功的基础。在家庭教育中，家长的人生态度起着关键作用，它决定了孩子的人生态度，决定着家庭教育的方向。

一、人生目标

著名教育家卡耐基说过："确定了人生目标的人，比那些彷徨失措的人，起步时便已领先几十步。"有目标的生活，远比彷徨的生活幸福。没有人生目标的人，人生本身就是乏味无聊的。

在家庭教育中，家长往往要孩子树立学习目标，却忘记人生目标才是最重要的；也往往只要求孩子树立目标，却忘记家长自己的目标同样重要。

1. 应该什么时候树立目标?

我第一次听到人生目标应该是在我三岁左右，那时的我被查出先天性髋关节脱位，经过近一年的治疗毫无起色，医生说我只能在轮椅上度过一生。那么小的我当然不知道这意味着什么，但爸爸妈妈却受到了沉重的打击。他们没有放弃，每天都在家为我做理疗，训练我站起来。那是一段痛苦的岁月，我一次次站起又一次次跌倒，每次我都哭得伤心欲绝，也让爸爸妈妈心碎不已。终于有一天，我摔痛了、摔累了，也摔怕了，无论爸爸妈妈怎么说，我再也不愿意爬起来。爸爸扶起坐在地上的我，对我说："孩子，你一定要站起来，这是你的目标，也是我们全家的目标。"在我长达三年的康复训练中，爸爸妈妈说过多少鼓励的话我现在都不太记得了，但唯有这一句我却牢牢记在心里。有了这个目标后，我慢慢开始有了信心，终于在三年后，我站了起来。

人生的目标从小就要树立，而且这个目标不是孩子一个人的目标，应该是全家人共同的目标。我从小就生活在目标之中，我会制定出每一段时间的学习计划和人生规划，在每年年底的时候，再认真总结分析自己的目标完成情况，这让我的人生有了清晰的方向。一直到现在，我都保持着这个良好的习惯。这得益于我的家庭影响，我的爸爸妈妈就是一个非常有目标的人。爸爸是一个对学习和工作要求非常严格的人，今天要做完的事从不留到明天，所以每天在书桌前学习工作到深夜的人总是他。他会经常和我谈到他的目标计划，准备出书了，准备开始做一项研究了，准备计划某一项工作了，并会在完成之时给我展示他的成果。那时的我觉得爸爸是一个非常了不起的人。而妈妈把大部分精力都放在了家庭中，每个平常的日子都在妈妈的计划中温馨而美好。在这样的家庭环境中，我每年都列出大事记，明确一年必须要完成的目标，每个月制订月度计划，检查完成进度，这样每天都生活得很充实，而每年也能顺利完成目标。

很多家长提到，现在的孩子生活优越，都没有了人生目标，每天浑浑噩噩无所适从，担心长大后游手好闲如同行尸走肉。孩子就是家长的缩影！当孩子没有目标时，家长应该好好反省，自己是否也失去了目标？当我们成为父母后，我们的目标是否仅仅只是培养一个好孩子，而忘记了自己的人生目标？现在很多家长为孩子规划出人生目标，却忽视了自己的人生目标。我们应该要从小树立远大的人生目标，但在人生的每个阶段也都应该有目标。目标绝不仅仅只是小时候的方向，更是人生每个阶段的方向。<u>在家庭教育中，我们更应该树立自己的教育目标，我们到底要培养一个什么样的孩子？这其实是家庭教育的基础和核心。</u>

2.应该树立什么样的目标？

我们都写过作文。小时候经常写到的一篇命题作文是《我的理想》，我记得当时全班大部分同学写的是当一名老师，结果现在同学中没有一个是当了老师的。女儿读二年级时，老师同样布置了《我的理想》这样一篇命题作文，结果班上大部分同学还是写的当老师。我们说从小要树立理想，要有目标，但很多时候孩子的理想和目标都是被家长误导的。

在一次家长课堂上，我问家长，你希望孩子未来从事什么样的职业？科学家、大学教授、发明家、公务员……家长们谈到了很多自己认为体面的职业。然后，我问家长们，这些职业究竟是你们心目中的目标还是孩子的职业目标？如果你的孩子只想成为一名厨师、工人或是司机，你会怎样呢？很多家长都沉默了。社会当然需要精英，但是社会就不需要厨师、工人、司机这样的职业吗？社会同样需要，甚至需要更多这样的人才。

我认识这样一个家庭，父母都是高级知识分子，女儿从小聪明伶俐，成绩优异，父母对她寄予厚望。但是，女儿很喜欢厨艺，经常研究菜谱，简直是痴迷于此。父母对此无法理解，总觉得女儿未来应该从事更高尚更体面的职业，于是百般阻挠横加干涉。到了大学，女儿出国留学了，读了不到一年就辍学，开始在国外研究各种甜品的配料和制作，并在各种甜点店打工积累经验。父母气得要和女儿断绝关系，但女儿一意孤行。几年后，女儿回国了，开了一家小甜品店，由于制作的甜品漂亮又可口，生意火爆，两年时间就开了几家分店，同时还培训学员，成为一名成功的创业者。直到这个时候，父母才醒悟，行行出状元，每行每业都能创造出伟大的奇迹。

我们要树立什么样的目标？这个目标首先是孩子的目标，不是家长的目标。家长要善于发现孩子的每一个爱好，即便这个爱好太平常太渺小太奇怪，但也能培养出孩子某方面的特长。其次，每一位家长都应该有自己的目标，这个目标不仅仅是教育的目标，还应该是自我成长的目标。在孩子成长的路上，只知道要成就孩子的目标，而忘记了自己的人生也要实现目标，这样的家长是悲哀的、失败的，不仅让孩子心生畏惧，而且也会失去自己的人生。最后这个目标是要通过积极努力才能够达到的。目标不能触手可及，当付出辛勤的努力和艰难的奋斗后达成的目标，才会丰富孩子的阅历，成就孩子的人生，锻炼孩子的个性，这样实现的目标才能让孩子倍加珍惜。当然，目标也不能好高骛远，遥不可及的目标会让人心灰意冷，会打击孩子的自信，削弱他的斗志，甚至摧毁他的信念，这样的目标就毫无意义了。

3. 应该怎样实现人生目标？

人生的目标不会一蹴而就。要实现人生的目标，在每个大目标下就应该有无数个小目标。正如列夫·托尔斯泰所说，人活着要有生活的目标：一辈子的目标，一段时间的目标，一个阶段的目标，一年的目标，一个月的目标，一个星期的目标，一天的目标，一小时的目标。

一步一个脚印地去实现人生每个阶段的目标，人生的远大目标才能实现。

1871 年的春天，英国蒙特瑞综合医科学校的学生威廉斯勒对人生中的许多问题感到困惑，他不知道应该怎么处理远大的理想和具体的身边小事之间的矛盾，一个人要有什么样的做事态度才能成功。他渴望成功，但又觉得做着身边的小事没有什么意义。他甚至认为现在的学校生活枯燥乏味，没什么值得去用心做的，因此他的成绩每况愈下。他找他的老师探讨这些困惑的人生问题。他的老师推荐他阅读哲学家卡莱里写的一本哲学启蒙读物。

他拿过书漫不经心地浏览起来。突然间，书中的一句话让他眼前一亮："最重要的，就是不要去看远方模糊的，而要做身边最具体的事情。"他恍然大悟：是啊，不论多么远大的理想，都需要一步步实现啊；不论多么浩大的工程，都需要一砖一瓦垒起来啊。他明白了，他的困惑也解决了，他终于找到了人生的答案。他知道，那些远大的理想，应该让它们高悬在未来的天空里，最紧要的，是把自己身边的每一件具体事做好。

也就是从那一天开始，1871年春天的一个下午，年轻的威廉斯勒开始埋头读书，因为他知道这是他目前最紧要的事情，他要把自己的成绩搞上去。半个学期以后，威廉斯勒就一跃而成为整个学校最优秀的学生。两年以后，威廉斯勒以全校最优异的成绩毕业。

毕业后到一家医院做医生。他认真对待每一个患者，对每一次出诊都一丝不苟。兢兢业业的态度和精益求精的精神，使他很快成了当地的名医。

几年以后，他创办了约翰·霍普金斯学院。他把自己的人生态度贯彻到每一个细节里。许多专家学者慕名来到他的学院工作，他的学院很快成为英国乃至世界最知名的医学院。威廉斯勒总是告诉他身边的人：最重要的是把你身边的事情做好，这就足够了。他靠着这句话，精心地做着自己的事情，不仅成为他那个时期最著名的医学家，还成为牛津大学医学院的教授，被英国国王授予爵士爵位。

把每天都当作生命中最重要的一天，把身边的每件事都当作生命中最重要的事，有这样的态度和决心，人生的目标就一定能实现。有一句古语："不积跬步，无以至千里；不积小流，无以成江海。"告诉我们做人要成功就必须脚踏实地，一步一步地去走，一件一件地去做，才可能将伟大的目标实现。在我们的生活中有许多人，其实也包括我们自己，都忘记了聚少为多、积小为大，缺乏恒心去坚持做一些事情，往往遇到困难就放弃了。这样的一种态度，会耽误两代人，我们自己和孩子。教育孩子一定要从自己做起，把坚持的品格和恒久的态度潜移默化地传承到孩子的身上，让他们的人生通过"跬步"和"小流"，去成就"千里"和"江海"。

二、人生信念

法国作家罗曼·罗兰说过："人生最可怕的敌人就是没有

坚强的信念。"当一个人从小就有了人生的信念，那么他的人生已经成功了一半。在人生信念中，至少要告诉孩子三句话。

1. 相信自己

跆拳道是一项"苦头"很大的竞技项目。在中国，该项目不少的选手都来自农村，而罗微却是一个地地道道的北京姑娘。作为一个"城里人"能够在这个项目上坚持下来，确实不容易，但坚强的罗微却有点不以为然："谁说城里的人就不可以拿世界冠军呢？！"她暗暗给自己鼓劲，告诉自己："相信自己，父母给了我一个很好的环境，让我积极向上，只要我有这样的信念，我就能胜利。此外，我得到了许多人的支持和帮助，我要对自己更有信心，我一定能成功。"

正是因为在成长过程中所受到的良好的家庭教育，罗微在决赛战场上表现出了难得的冷静与沉着。乐观的性格也让她在面对对手时并没有感到紧张。奥运会只是罗微人生道路上的一个驿站，正如她在赛前所说的："我的目标就是奥运会、世锦赛、世界杯、亚锦赛、亚运会和全运会。只要我不退役，这个项目的金牌就永远是我的。"有了这样的信念，罗微在雅典奥运会的赛场上，在女子跆拳道项目比赛中，战胜了占有天时地利人和的东道主选手米斯塔基多，最终获得金牌。

自信不仅是一种心态，也是一种能力。要让孩子从小就树立自信心，家长就要学会相信孩子，这种信任是要从内心滋生出来的，要让孩子能真正感受到。一个人只要拥有自信心，那么他就能成为他所希望成为的人。当孩子说："我想成为美国总统！"这个时候家长不要嘲笑说："那是不可能的。"其实，很多美国总统在成为总统前，都曾经有过一段平凡的人生，甚至是充满了失意的人生……比如林肯，生于肯塔基州哈定县一个普通鞋匠家庭，青年时代先后当过售货员、乡邮员、测量员和木工。那时，谁曾想过这个鞋匠的儿子会成为总统呢？但是他自己一定想过，否则他就不会多次竞选失败后，依然参加竞选。所以当你的孩子说想成为美国总统时，家长应该善意地鼓励："你去参加竞选吧，谁说不会成功呢？"家长要从"你行吗？"的质疑向"你行的！"的肯定转变。不论孩子经历多少失败，始终给予他坚定的眼神和信任的力量，这种环境下长大的孩子才能培养出强大的自信心。

孩子的自信往往来自父母的肯定、老师的表扬和同学的赞赏，当然也还有自己成就感的累积。父母是孩子最在意的人，父母的肯定和鼓励比一般人都要有分量，父母都要擅用"赏识"，要看到孩子身上的闪光点，加以鼓励和肯定，这样往往能够打开孩子的自信之门。当然对孩子的自信也要有准确的诊断，对于一个不自信的孩子，可以毫不吝啬地去激励，对于一个自信心爆棚的孩子，那就需要适当地引导，否则会让孩子走向反面，变得自负和狂妄了。

2. 坚定信念

卡莱尔是英国著名的史学家。他经过多年的辛勤劳动，终于完成了《法国大革命史》的全部文稿。写好之后，他把文稿托付给他最信任的好友米尔，请米尔看后提出宝贵的意见，以图文稿的完美。

隔了几天，米尔脸色苍白地跑来，十分无奈地告诉卡莱尔一个悲惨的消息：《法国大革命史》的底稿，除了几页散页残存之外，别的书稿都被他家的女仆当作废纸全部丢到火炉里烧掉了！

卡莱尔在突如其来的打击面前异常沮丧，因为他在完成书稿之后，把从前的笔记、草稿都撕成了碎片。他费尽时间和精力写出来的这部《法国大革命史》，竟然没有留下任何可以重新开始的记录。但是，卡莱尔还是决定从头开始。

他平静地说："这一切就像我当初小学把作业拿给老师批改时，老师说的'不行，孩子，你一定可以做得更好的'一样。"于是他又买了一沓稿纸，从头开始《法国大革命史》的写作。

我们现在所读到的，正是卡莱尔第二次的写作成果。只要坚定信念，一切奇迹都会实现。

在成长的道路上，家长的信念对孩子的影响至关重要。我认识一位残疾妈妈，行动不便只能坐在轮椅上，但是她却一直坚持做公益，几乎把自己全部的精力都投入到这份事业中。儿子开始无法理解，觉得像妈妈这样的人应该得到社会的帮助，而不是反过来去帮助他人。儿子看到妈妈为此付出的艰辛和努力，独自承受着身体的病痛，不知道妈妈能撑多久。这位妈妈始终坚持自己的信念，十余年的时间，用轮椅走遍了很多贫困山村，将爱心播撒给许多需要帮助的家庭，得到了无数人的尊敬，她的事迹也被各个媒体争相报道。妈妈坚定的信念最终感动了儿子，儿子成为一名志愿者，积极投身到妈妈的公益事业之中，与妈妈一起奉献爱心。

父母就是孩子成长路上的风向标，当我们始终坚持信念，为了信念不断努力奋斗时，也会让孩子时刻充满正能量，每天都为自己的信念而不断努力。

3. 正确面对

我的父亲从小生活在一个非常偏远贫穷的山村，他通过努力学习改变了自己的命运，考取了大学，成为当时村里唯——个大学生。受父亲的影响，在学生时代，我的目标和信念就是考上自己心仪的大学。

天有不测风云。初三中考前夕，爸爸却因病过世，家里的顶梁柱倒了。那时正准备报考高中，妈妈看着我的志愿书，无奈地说："读中专吧，早点出来工作，你哥哥现在已经高二了，我们家只能养活一个大学生。"当时我觉得自己的人生都要坍塌了，读大学可是我一直以来的梦想，我不甘心自己的命运就这样被改写。

那天晚上我彻夜难眠，偷偷起床发现妈妈的房间竟然也亮着灯，透过门缝看见妈妈拿着我的志愿书在落泪。那一幕深深震动了我，妈妈是一个非常坚强的人，即使在爸爸重病的三年，甚至去世的时候都没流过眼泪。妈妈的泪水就像一块块沉重的大石头压在了我的心头。第二天，我改了志愿。

读中专时，我仍然心有不甘，很长一段时间都闷闷不乐，觉得失去了人生的目标，也没有了人生的方向。妈妈察觉我的情绪后，有一天对我说道："难道你的人生就只有读大学这一条路可以走吗？难道你的信念就这么脆弱吗？"妈妈的这番话就像在我干涸的心里洒下了甘露。我终于发现自己很可笑。

我开始正确面对这一切，在学校担任学生会干部，积极参与各个社团的活动，参加自学考试，各个方面的能力都得到了很大的提高。参加工作后我仍然坚持学习，在工作后不到两年就拿到了自考本科文凭，现在早已读完硕士研究生。我一步一个脚印地实现自己的梦想，并深深领悟到：原来不是只有大学才能学到知识，不是读了大学才能实现目标；原来只要正确面对一切挫折，人生都能走出精彩。

凯尔泰斯·伊姆雷是诺贝尔文学奖的获得者，他是匈牙利一个木材商的儿子，从小生得呆笨，人们都叫他"木头"，从没得过什么奖。

十二岁那年，他梦见国王给他颁奖，因为他的作品被诺贝尔看上了。当时他很想把这个梦告诉别人，又怕别人嘲笑，只好告诉了妈妈。妈妈说："假如这真是你的梦，你就有出息了。我曾听说，当上帝把一个不可能的梦放在他心中，就是真心想帮助他完成。"妈妈的鼓励让伊姆雷信以为真，觉得自己是世界上最幸福的人，世界那么大，上帝却一下子选中了他。于是他真的喜欢上了写作。

"倘若我经得起考验，上帝一定会来帮我的。"怀着这样的信念，他开始了写作生涯。

三年过去了，上帝没有来；又三年过去了，上帝还是没有来。就在他盼望上帝来帮助他时，希特勒的部队却来了。作为犹太人，他被送进了"集中营"。在那里，上百万人失去了生命，他却从不气馁，正确面对发生的一切。

1955年，他终于写出了自己的第一本小说《无法选择的命运》，后来又出了一系列的作品。就在他不再关心上帝是否来帮助他时，瑞典皇家文学院宣布，把 2002 年的诺贝尔文学奖授予他。当人们采访这位名不见经传的作家，要他谈一谈感受时，他说："没什么感受，我只知道，只要有信念，多大困难我都能正确面对，上帝也会抽身来帮助你的。"

在实现人生目标的道路上，也许遇见沼泽要走弯路，也许不断努力仍然无法抵达，那么正确面对一切，你会发现，也能让孩子知道，人生有很多出口，成功不会是单行道。

三、人生追求

正确的人生追求可以使人战胜惰性，唤醒自身的潜力，百折不挠，勇往直前。家长只有帮孩子从小树立起宏伟的人生追求，树立远大的奋斗目标，孩子才会充满激情，克服许多困难和挫折，最终梦想成真，做一个有益于社会的人。

1. 追求过程而不只是追求结果

现在很多孩子有厌学的情绪，这是因为在孩子的学习阶段，家长太过重视结果而忽视过程。学习过程，仿佛成了"drive-through"得来速——在这个窗口，订下学习"成品"买单，在下个窗口立刻获取学习的"成品"。现在很多孩子从幼儿园开始，就被家长带着学习珠心算，学习ABC，像小大人一般进行算术、背诵，却全然不知道是什么意思。正是因为家长的盲从心理，社会上出现了不少的幼儿语文、写作、数学速成班。这些班没有培养出少年神童，却造就了许多只会盲从指令，却不知如何主动探索学习的"机器人"。所以，常常有孩子见了积木或新玩具，不知从何下手，缺乏挑战困难的勇气，更不要说发挥创意了。

学习是一个过程。学习不仅仅只是学习语文、数学、英语等等这些知识，更是一种思维的训练。当孩子在一遍又一遍地摆排积木时，他可能会发现不同形状的积木怎样才能块块相连，可能会发现每天都能用相同的积木摆出不同的造型，可能会发现摆积木还要脑、手、眼的共同协调。这么一来，抽象思维、空间想象能力就在孩子的脑中生根。这样的学习过程，对脑力的激荡远比坐在地板上，反复单调地练习记诵"三角形""正方形"的名称，要来得有意义，也更具挑战性。

我记得女儿读幼儿园时，班上有一个小女孩的心算能力特别厉害，五岁时已经能算到百位、千位。有一次我接女儿时，她们想吃冰激淋，我给她们10元，并问那个小女孩："你们现在去买两支1元2角的冰棒，还应该找回多少钱？"小女孩一脸茫然地望着我。我非常奇怪，再问道："你心算能力这么好，算不出来吗？"小女孩却说道："我只会算数字，不会算这些。"我忽然发现，我们过早地让孩子去学习，又过分地追求学习的结果，到头来孩子为学习而学习，却无法学以致用，达不到学习真正的目的。所以，家长们要经常反思，被动式的学习，低层次的思考，是否只是让我们暂时为孩子制造出一张耀眼的成绩单，却无法培养出一个真正用学习来享受生命的孩子。

在人生的追求中，让我们更多地关注生命的每一天，更多地看到每一件事情努力的过程，接纳孩子的一切失败和成功，孩子才会用热情和积极的态度走上漫长曲折的人生之旅。

2. 追求成人而不只是追求成才

中央电视台《新闻调查》曾播放的《"神童"的成长》节目中，讲述了湖南神童魏永康的成长故事。这个"神童"4岁进小学，8岁上中学，13岁读大学，17岁考上中科院的硕博连读。可是，尽管他智力超群，但生活自理能力特别差，最后被中科院退学回家了。重知识轻能力培养固然不可取，然而重智轻德同样也不行。举国震惊的马加爵杀害室友的事件，2000年浙江金华市学生徐力用铁榔头打死了生他养他的母亲，浙江教育学院周英民用裁纸刀杀害同学洪某并将同学石沉西湖，等等，这些层出不穷的青少年犯罪事件一直在向人们敲响警钟。

很多家长从小为孩子立下远大目标，追求成功的人生，希望孩子未来都能成才，却忘记了每个孩子首先的目标是成人。让孩子成为一个独立的人，一个身心健康的人，一个能适应时代进步、能对社会发展有贡献的人，这才是成人的教育。

2005年2月的一个晚上，深圳南山区南头城小学二年级年仅七岁的袁媛，突然发现父母双双昏倒在浴室的地板上。她没有惊慌，而是镇定地四处查看，发现父母可能是煤气中毒。于是，她按照课堂上老师教给的方法和平时父母的教育，首先迅速关上液化气罐阀门，然后打开门窗。由于现场残存有煤气，她担心打电话引起爆炸或火灾，就拿起爸爸的手机跑到外面拨打120，之后还打通了几名亲戚的电话求救。3分钟后警察赶到现场，救护车也随后赶到。经过全力抢救，袁媛的父母终于从死亡线上被拉了回来。袁媛的家住在荔园新村非常偏僻的民房里，但她打电话报警时地址讲得非常清楚准确，为医生、民警能在3分钟内赶到现场争得了时间，这是很多成年人在面对突发事件时都难以做到的。

看到这个报道后，我的眼睛湿润了，我为这个勇敢、果断的小姑娘而骄傲，也为她的父母、她的老师的教育成果而钦佩。现在的社会太需要这样的教育了，袁媛表现出的临危不乱、迅速处理，完全具备了一个成人的基本素质。袁媛救了自己的父母，也告诉了天下所有的父母，成人比成才更重要。只有当自己具备了成人应有的生存能力，才能走向成才。

3. 追求未来而不只是追求现在

德克诺是一位年轻的教师。他工作不久便感觉有些力不从心了，他的学生让他十分头痛。他甚至考虑换一份工作。

一天晚上他做了一个梦，他梦见一位天使对他说："你的学生中有一人将会成为世界领袖，你准备如何启发他的智慧，增加他的自信心，培养他的才能与思想，还有他坚强的性格？总而言之，你会怎样教导他，使他成为一位伟大的世界领袖？"德克诺被惊醒了，出了一身的冷汗。

他从来没有做过这样的梦。我将是一名世界领袖的老师！

德克诺激动得不能自已。德克诺选择相信这个梦，他开始重新

思考他给予学生的教导。他在想他该怎么做才能让自己的学生

具备世界领袖的才干。他查阅了大量的资料，询问了许多专家

学者，最后，他得出了结论：他认为一个世界领袖不仅要有丰

富的知识，还要有丰富的阅历与经验；他不仅要有极强的独立

思考的能力，还要能广泛地听取他人的意见；他不仅要有领导

众人的能力，还要有与他人进行团队合作的能力；他应该对历

史有着深刻的认识与理解，也应该对未来充满了乐观向上的精

神；他应该对生活充满了热情，对生命有着极高的尊重；他应

该有着创造性的思维，有着先进的思想；他应该有着自己做人

处世的原则，应该对自己有着严格的要求；最后，他的心中也

应该充满了仁爱与感恩。培养计划在德克诺的心中渐渐完善起

来，他的世界也因此改变。当每一位学生从他的面前走过时，

他都会仔细地凝望着他们，因为他们每个人都很可能成为未来

的世界领袖。上课时他不再把他们看成普通的学生，而是当成未来的世界领袖来对待。他的心中仿佛有了一份责任。因为未来的世界会掌握在台下的某一位学生的手中。

此后，那个梦一直鼓舞着他，让他对工作始终充满着高度的热忱，丝毫没有了当初的懈怠之心。他按照他的计划一步一步进行着。总是想尽办法培养他的每一位学生的各项能力，他决心要让他们成为最合格最伟大的世界领袖。

多年以后，他的学生中并没有人成为世界领袖，但是他们大都成为杰出的人，他们有的成了著名的作家，有的成了画家，还有的成了哲学家……他们都感恩于德克诺老师曾给予他们的最好的教导。不仅如此，德克诺的女儿还成为美国政坛上的风云人物。她曾经在自传中写道：我的父亲是我一生中最好的导师，他的一言一行都让我非常钦佩。看起来，德克诺的那个梦没有成真，然而他并没有感到遗憾。他曾经感慨地说道："我把目光放到了他们的未来，结果发现一切都很美好。"

　　孩子现在或许会有各种各样的问题，但很多问题只是他某一时期的表现，将会随着年龄的增长、教育的增加，而不断改变、不断进步。作为家长，应该看到的是孩子未来的发展，而不是只看到暂时的、现在的不足。当我们着眼未来、逐步改变孩子的缺点时，现在的一切都不那么重要了。

妈妈，请少爱我一点（节选）

妈妈，请少爱我一点，
如果你的爱大于社会对我的爱，
我将来走上社会会有失落感，
这种感觉会让我恐惧不安。

妈妈，请少爱我一点，
你的爱会让我养成被爱的习惯，
溺爱会让我任性、霸道，易受伤，
会使我成为索取和不受欢迎的人。

妈妈，请少爱我一点，
你照顾我越深我便越不能独立自主，
我此生不愿成为寄生动物，
既然不能照顾我一辈子那就早点放手。

妈妈，请少爱我一点
你将来离开了，

世间有谁还能象你一样爱我，
过分的回忆和思念会让我失去斗志。

妈妈，请少爱我一点，
对于财富和人生而言，
你有你的我有我的，
不能用你的挤占了我的。

妈妈，请少爱我一点，
多抽点时间爱自己让自己成长。
不能因为我失去了你唯一的精彩人生，
你要成为我的榜样和偶像。

妈妈，请少爱我一点，
你若真爱我大爱我，
就请教会我如何去爱自己爱人，
因为只有学会爱才是最安全的。

交往篇

现代社会，交往能力已经成为一项最重要的能力，却被很多家庭所忽视。家长过度保护、过分干预、过急指责，都成为影响孩子交往能力的最大障碍。

　　著名教育家卡耐基说过：一个成功人士，专业知识占15%，人际交往占85%。有心理学家也指出："人格主要是在与人交往的过程中逐步形成的，孩子与人交往对他的心理发展具有重大意义。"交往在孩子成长中起着至关重要的作用。

一、全面交往，为孩子独立打开能力天窗

　　全面交往，是孩子走向独立的第一步。在孩子幼儿时期，就要注重孩子交往能力的培养。现在孩子出现的交往能力障碍，主要可以分为几类：一是社交恐惧型，不敢与人交往，在交往中往往出现害怕的情绪；二是唯我独尊型，自我意识太强，在交往中别人都要听自己的；三是行为随意型，在交往中随意打人骂人，或是随意打断对方说话，不予回应等，无法控制自己的交往行为。这几种现象说明孩子的交往能力都出现了问题，要引起家长高度重视。

　　我的女儿在两岁时也出现了严重的交往障碍，除了家人以

外，她不敢跟任何人说话打交道，甚至对别人的主动接近还会吓到大哭。这种现象引起了我们的高度重视，经过几年的引导、鼓励、陪伴，现在她的交往能力明显好转，也让我有了一些心得。

1. 完全接纳孩子的伙伴

王女士是一家大企业的高管，有一个女儿敏敏，聪明大方、活泼可爱，她对女儿寄予厚望，希望她以后能进入上流社会。读幼儿园时，女儿有了第一个好朋友小丫，当王女士得知小丫的父母都出身农村，现在也只是小商贩，就不准女儿与小丫交往了。后来班上转来一个小男生，特别调皮，但对敏敏特别好，敏敏和这位小男生成为好朋友。王女士又不高兴了，觉得这个小男孩太调皮了，会影响自己女儿的性格发展，再一次横加干涉。就这样，一而再，再而三，王女士对女儿交的每一位朋友都百般挑剔、诸多不满。女儿读小学后，出现了严重的社交恐慌，不敢与任何人交往，王女士才意识到了问题的严重性。

在孩子交往中，家长常常以自己的思维、按自己的喜好，去评判孩子交往对象的好坏。殊不知，在孩子心目中没有那么多好坏善恶之分，能在一起玩一起笑就是好的，甚至相互打闹相互生气也没有关系。家长要完全接纳孩子的伙伴，尤其是在孩子幼小的时候，对孩子交往的第一个朋友不予干涉、不予指责、不予评价，既是给了孩子选择朋友的权利，同时还会增添孩子主动交往的信心。

2. 制造孩子交往的机会

这一点对于有交往恐惧症的孩子来说尤为重要。当孩子出现不愿交往、不敢交往的情况后，家长要主动给孩子制造一些交往的机会。在我的女儿读幼儿园时，为了锻炼女儿的交往能力，我们几个孩子年龄相仿的家庭组成一个群，每到周末都会开展家庭活动，每到节假日都会组织一起外出旅游。刚开始，女儿在我的带动下被动地与其他孩子一起玩耍，玩的过程中还一定要我陪在旁边；慢慢地，她不再时刻牵着我的手，会在小朋友邀请下和他们一起玩；再接着，她能主动融入他们的圈子一起做游戏了；现在，她开始自己约同学朋友一起玩乐。正是因为为她制造了不少与孩子交往的机会，她的交往恐惧症慢慢减轻了。制造与孩子交往的机会并不难，邻居中、朋友中、同学中都可以为孩子建立社交圈子，家长可以采取一起做手工、读书会、家庭表演、趣味运动、外出郊游、野餐等多种形式给孩子带来不同的主题活动，让孩子在玩乐中与小伙伴建立良好的关系。家长还可以主动欢迎、邀请孩子的伙伴到家中做客，鼓励、允许孩子拿自己的食物、玩具和用具招待他的伙伴，培养孩子们自理的习惯和能力。

3. 培养孩子自我的能力

在全面交往中，家长既是指导者又是实施者，既是参与者又是旁观者。让孩子全面交往，最终就是培养孩子自我的能力。一是要给孩子独立的空间，允许孩子们在一起说"悄悄话"、进行"秘密"的小活动。有些孩子不愿意家长参与，那么家长要主动地回避，尤其是孩子进入青春期后，有了自己的朋友、自己的话题，家长更要注重适当放手，给他们独立的空间。二是鼓励孩子自己解决交往中的矛盾。在交往中，孩子难免会发生各种冲突和矛盾，低年龄的孩子最直接的方式就是寻求家长的帮助。家长在进行安抚后，要鼓励孩子自己解决，不要包揽，更不要听信自己孩子的一己之言，随意指责孩子或者孩子的同伴，按照自己的标准去评判事情的对错。家长随意介入孩子的纷争，也许一时之间会给孩子带来安慰，但长此以往，会让孩子形成依赖，缺乏独立处理问题的能力，还会影响到他的伙伴关系。

二、重点交往，为孩子发展选择良师益友

"闻鸡起舞"这个成语是来自于一个伟大的友情故事。祖逖和刘琨都是晋代著名的将领，两人志同道合，意气相投，都希望为国家出力，干出一番事业。他们白天一起在衙门里供

职，晚上合盖一床被子睡觉。当时，西晋皇族内部互相倾轧，争权夺利，各少数民族首领乘机起兵作乱，国家安全受到严重威胁。祖逖和刘琨对此都很为焦虑。一次半夜，祖逖在睡梦中听到公鸡的鸣叫声，他一脚把刘琨踢醒，对他说："你听见鸡叫了吗？"刘琨说："半夜听见鸡叫不吉利。"祖逖却说："我偏不这样想，咱们干脆以后听见鸡叫就起床练剑如何？"刘琨欣然同意。于是他们每天鸡叫后就起床练剑，剑光飞舞，剑声铿锵。冬去春来，寒来暑往，从不间断。功夫不负有心人，经过长期的刻苦学习和训练，他们终于成为能文能武的全才，既能写得一手好文章，又能带兵打胜仗。祖逖被封为镇西将军，实现了他报效国家的愿望；刘琨做了征北中郎将，兼管并、冀、幽三州的军事，也充分发挥了他的才能。

祖逖和刘琨友情深厚，彼此影响，所以都成就了一番事业。朋友对个人的人格形成、未来发展也起着关键作用。

现在不少家长也意识到孩子交友的重要性。有一位朋友在孩子初中毕业后，千方百计想把孩子送进名校的国际班，孩子成绩并不好，即便以后出国也非常困难。当时我试图劝说他时，他却对我说："我的孩子未来出不出国并不重要，在学校成绩好不好也不重要，让她进国际班，就是为了让她积累良好的同学关系，要知道国际班的孩子家庭都是非富即贵。"

这位家长无疑已经重视到孩子朋友圈的重要性，并努力为孩子画出重点交往的对象，但这种方式却不一定是可取的。

随着孩子年龄的增长，孩子的精力有限，并受环境、个性、爱好、缘分等多种因素的影响，孩子在泛泛之交上有了重点交往的朋友。古语说"近朱者赤，近墨者黑"，所以才会"人以群分、物以类聚"。家长如何引导孩子确立正确的交友标准？

1. 以身示范

家长自己的朋友圈也将影响到孩子的朋友圈。如果家长交往的都是些吃喝玩乐的酒肉朋友，那么孩子认为朋友就是用来享乐的；但如果家长交往的是互帮互助的知心朋友，孩子才会认为朋友还是用来进步的。

　　我的父母因为工作关系，曾经住在工厂的宿舍区，左邻右舍既是同事又是朋友，关系融洽十分友好。父母都是热心肠，朋友家的事凡是能帮到的，一定不遗余力，所以重点交往、关系亲密的都是些善良正直、乐于助人的人。那时，每到汛期，湘江涨水，都会将我们住的平房淹掉，我们只能搬家。由于父母工作繁忙，而我当时又行动不便，搬家时，父母的朋友们都会来帮忙，每次我家都是搬得最快的。小时候，有好几年的时间，我只能坐在家里的床上进行治疗，父母每天上班时从不锁门，他们知道那些热心的邻居和朋友会时常来看看我，带几颗糖果递一杯热水，我的童年时光也因为有了这些热心人而不再那么寂寞。后来，父母离开了工厂，环境变好了，但从来没有忘记过这些朋友，每年都要回去看望几次。父母的交友标准，让我明白了，朋友不必大富大贵，却要真心相待。这也让我交到了不少真心的朋友，给我带来了很多真诚的帮助。

2. 潜移默化

教育不仅仅是久旱逢甘露的"及时雨"，还应该是润物细无声的"毛毛雨"。如何交到好的朋友，家长不能用命令式的语气，不能用强制性的手段，不能指责、不能强迫、不能嘲笑，最好的方法就是潜移默化地灌输。

在孩子的个人意识慢慢建立的时候，家长可以有意识地经常和孩子讨论择友的标准与注意事项，以促进孩子恰当选择交往的同伴。在方式上，尽量避免开门见山，谨慎使用"你要""你不要"这样的语气，比如可以与孩子共同讨论一部电影或是电视剧的剧情、一本书的情节，分析故事中人物的性格和交友的情况，让孩子感同身受。这样"春风化雨"的方式一定会比"暴风骤雨"的管教更能让孩子欣然接受。

3. 掌握动态

有一位很有智慧的妈妈，很少询问自己儿子的学习情况，经常与儿子交流的问题就是：今天在学校开心吗？和哪些朋友在一起玩呢？你们玩了什么？正是通过与儿子的这种有效沟通方式，妈妈对儿子从小到大交往的朋友都能及时掌握动态。儿子上初中后，有一段时间厌学，妈妈知道是他交了几个不爱学习的朋友。正是因为及时掌握到了这个情况，在儿子和这几个朋友还相交不深时，妈妈就采取了各种措施，请老师调整座位，儿子课余时带他一起活动，周末时请班上其他同学到家里来聚会。没过多久，儿子自然与那些朋友疏远了。

在孩子成长中，家长虽然应该放手，但绝不能放任。只有掌握孩子的动态，才能采取积极的措施。孩子厌学了、有网瘾了、出现青春期萌动了，这些都不会是突然发生的，都是会遵循事物发展的一个过程。越早知道情况，就越能对症下药，越能及早防治。当然，要掌握动态就要建立良好的亲子沟通，前面已经讲了沟通，沟通到位了，情况才会熟悉，孩子的成长才不会偏离正确的方向。

三、个别交往，为孩子情感奠定良好基础

很多家长感叹，孩子们越来越早熟了。想想以前，初中都不知道情为何物，现在小学就有了"小女朋友"和"小男朋友"之说。"早恋"问题仿佛已经成为家长不能言说的一种担心、一种忧虑。同时，又有不少家长将孩子恋爱的年龄前置了，认为大学一定要开始恋爱了，如果大学还没有找异性朋友，以后就有可能成为剩男剩女。在孩子的个别交往上，家长总是处于矛盾而又纠结的心态。

处理好个别交往的关系，将会为孩子未来的情感奠定下良好的基础，家长的态度和行为在其中起着至关重要的作用。

1. 冷静对待、淡然处之

孩子进入青春期后，性生理的发育趋向成熟，性心理的发展也加快了步伐。对异性产生好感，并有了接近、亲近的强烈愿望，这是一种正常的现象，是青少年身心发展健康的一种表

现。对于多数孩子来说，爱与被爱只是一种模糊的感受，一种探索的欲望，并非真正进行恋爱，不过是一种对"恋爱"的表面模仿。只有个别的孩子因受到家庭和个人成长环境的影响，或是受到某种刺激，缺乏自我控制能力，出现了"早恋"现象。

孩子出现青春期萌动是非常正常的，家长不必大惊小怪，更无须大动干戈，处理不当反而会引发孩子的逆反心理，火上浇油，使孩子走向极端。家长的态度对孩子的情感发展起着决定性的作用。家长应该密切关注，但不能操之过急，保持情绪的平和，才能走进孩子的内心。

这位妈妈就非常聪明。

女儿收到男同学给她写的小纸条了，回到家中对妈妈说："妈，你看，有男孩子给我写小纸条了。"

妈妈接过条子一看，乐了，说："呦，写得真不错，我们家女儿长大了，有人喜欢了。"

女儿看到妈妈没有指责，还这么开心，特别高兴，马上坦白："其实还不止这一个呢！"

"几个呀？"

"三个。"

"呵呵，你跟妈妈一样优秀，在你这个年龄的时候，也有好几个男生给我递纸条了。"

"啊？你也有？"

"是啊，这种事是常事嘛，你长这么漂亮，尤其是学习好，跟妈妈一样有魅力，怎么会没有男孩子喜欢你呢？还有啊，我告诉你，现在只是在中学，将来到了大学，如果你还能一直这么优秀，纸条会更多的。"

女儿得到了妈妈的鼓励，知道有男生喜欢，是自己优秀的一种表现。在这种心理引导下，女儿不但没有和任何一个男生保持亲密关系，反而一直严格要求自己，让自己越来越优秀，得到更多人的喜欢。

当孩子收到第一封"情书"或是有了第一个"暗恋"对象时，

家长用平和的心态去淡然处之，让孩子知道这是人生的必经阶段，走好情感处理的第一步，也就有了良好的开端。

2. 避重就轻、巧妙转移。

我曾经收到一封这样的邮件，是一位初一的老师写来的，说了这样一件事情：

班上有个男生特别调皮、成绩又差，是学校出了名的捣蛋鬼。为了帮助他的学习，我特地安排了我们班的班长和他同桌。班长是个女生，长得漂亮成绩又好，还特别热情大方。说来也怪，这个男生连家长、老师的话都不听，却对班长的话言听计从。慢慢地，这个男生改变了一些不好的行为，但班上也开始传出他们的流言蜚语。我找了这个男生谈话，男生居然大方承认就是喜欢班长。我又找了班长，班长吞吞吐吐什么都不说。我担心他们真的在一起，所以调整了座位，也告诉了家长。家长回去狠狠地教育了女生，据说还打了她，现在每天上下学都是家长接送，严密监视。这个女生现在成绩是越来越差了，性格也越来越孤僻。

从这位老师说的这件事情中，不难看出，原本优秀的一位女生，帮助了别人，得到了别人的喜欢，自己本无过错，反而遭到了老师和家长的不信任，尤其是家长还采取了这种粗暴的教育方式，这不会把孩子拉得更近，只会将孩子推得更远。

另外一位爸爸在处理儿子情感问题上就要理智而巧妙得多。

儿子在家偷偷摸摸写信时，被爸爸看见了。

爸爸没有强行看信，只是笑着问道："这么神秘，给谁写信呢？"

儿子开始不肯说，但经不起爸爸的一番劝说，终于不好意思地说道："给我们班上一个女生写信，她长得特别漂亮，成绩又好，我很喜欢她。"

"不错啊，有喜欢的姑娘了。"爸爸听后，毫不在意。

儿子很惊讶，以为爸爸会批评他。

"我来帮你看看吧，"爸爸提议道，"当年，我可是写情书的高手呢！"

"真的吗？"儿子半信半疑，"您不是收集证据，准备一举歼灭我吧？"

爸爸笑着摇头，特别认真地将儿子写的信看了一遍，真的做了修改，又问道："儿子，你觉得写得怎么样？"

儿子摸摸头，不好意思地说："不太好，她的作文写得特别好，我跟她比差远了！"

爸爸点点头，赞同地说道："我也觉得写得不太好，感染力不强。我在想这封信给她后，她会接受吗？"

儿子犹豫了，说："不知道，可能不会吧。"

"我认为她不会的，按照爸爸的经验，女生都会喜欢比她能力更强、成绩更好的男生，而这样一封信没有达到她的水平，她不会接受的。"爸爸分析道。

"那怎么办呢？"儿子一脸茫然。

　　"儿子，我觉得你要加把劲了！你要比她成绩更好，比她能力更强，她才会注意你，以后也才会接受你！加油吧，儿子！"爸爸这样鼓励他。

　　儿子当然没有把这封信送给女生，反而是努力学习，以女生为目标不断向她看齐，并超越她。这样一段"暗恋"在爸爸的引导下，成为孩子向上的动力。这位爸爸首先是避重就轻，不去谈儿子的感情，而是从他的"情书"入手，然后又巧妙地将儿子的感情转移到了学习上，帮助儿子正确认识了自己的不足。所以智慧的父母能教育出智慧的孩子，而没有方法的父母只会将孩子越推越远。

3. 动之以情，用爱化解

　　不少走入"情感误区"的孩子，都是因为缺乏家庭的温暖造成的。有的家庭，父母感情不和，缺乏温暖；有的家庭，父母不在身边，缺乏关爱；有的家庭父母高高在上，缺乏平等；这些都导致孩子的情感没有寄托、没有出口，只能到外面去寻找。

几年前，媒体曾报道一个十七岁的女孩因为早恋，未婚生子，面对这个意外的生命，这个女孩惊慌失措，残忍地扼杀了这个新生命，法院最终以故意杀人罪，判处她有期徒刑三年零六个月。这个案件发生后，经相关网站转载，引发了不少网友的跟帖讨伐。在全社会都在指责女孩"脑残"的同时，其实这与她的家庭环境和成长经历是分不开的。据了解，女孩两岁时父母离异，自小跟随父亲长大。而后父亲再婚再生一子，生活也变得愈发忙碌，早出晚归地工作，对女儿的教育也渐渐忽略。长期与父母疏于沟通，女孩对父母具有很强的排斥心理。女孩初中毕业后就辍学在家，平时除了帮家里做家务就是上网，在网上认识了一名网友，两人见面就发生了关系。当她发现自己怀孕告诉网友后，网友就消失了。女孩不敢告诉自己的家人，而家人也无暇顾及她，最终孩子出生，酿成悲剧。她缺乏父母的正确引导，导致她在没有抚养孩子能力、没有抚养孩子的心理准备等多重因素引导下，因自身法律意识淡薄，走向犯罪的道路。当时法院办案人员回忆，庭审时，女孩自始至终没看过父母一眼，表现出极大的冷漠。

正是因为她从小缺少家庭的温暖和父母的关爱，也就缺少对生命的敬畏，久而久之，她对自己、对家庭、对社会滋生冷漠情绪，所以，当一条新生命降临时她也不会珍惜。

这样的例子绝不仅仅是个案，在很多离异家庭、单亲家庭、留守儿童家庭都存在着。这些悲剧应该引起所有家长的高度重视，因为孩子的成长只有一次，这些悲剧一旦造成就毁灭一生！

当孩子的感情过早地寄托在别人身上时，家长都要好好反思了，是不是在家庭中得不到关爱，才会让孩子的感情旁落。这个时候，家长能做的就是以情动人，要用自己真正的爱去化解。孩子一旦感受到父母给予的爱和温暖，这份走失的感情才会慢慢找到回家的路。

如果您能记住

马迪·金（法国）

如果您能记住，

您走一步，我要走三步才能赶上；

如果您能理解，

我观察世界的眼睛比你矮三英尺；

如果您能在我乐意时，让我自己试试，

而不是把我推到前面或挡在后面；

如果您能用您的爱感受我的人生，

而不是剥夺我自觉的需要，

那么我将长大、学习、改变！

如果您能记住，

我需要时间获得您已有的生活经验；

如果您能够理解，

我只讲述那些相对于我的成熟程度来说有意义的事情；

如果您能够在我可以时让我独自迈出一步，

而不是把我猛推出去或拉回来；

如果您能用您的希望感受我的生活，

而不破坏我对现实的感觉，

那么，我将长大、学习、改变！

如果您能记住，

我像您一样失败后再试需要勇气，

如果您能理解我必须自己弄清楚我是谁，

如果您能在我想要时让我寻找自己的路，

而不是为我选择您认为我该走的路；

如果您能用您的爱感受我，

而不破坏我自由呼吸的空间，

那么我将长大、学习、改变！

行动篇

马克思说："一步实际行动胜过一打纲领。"没有行动，再多纲领也只是废纸。任何改变都始于行动，任何伟大都成就于行动，人的生命只有在行动中才能够熠熠生辉。

我经常问参加过家庭教育培训的家长，回去后真正改变了的有多少，举手的家长总是不到四分之一。每次在家长课堂上，很多家长听着感动，听完激动，回去之后却是一动不动。<u>想法再多，感触再深，但不能付诸行动，最终只会徒劳无功。</u>

清代著名学者彭端淑曾经在一篇文章中写道："天下事有难易乎？为之，则难者亦易矣；不为，则易者亦难矣。"他为了证明这个观点，还举了一例说明：蜀之鄙有二僧，其一贫，其一富。贫者语于富者曰："吾欲之南海，何如？"富者曰："子何恃而往？"曰："吾一瓶一钵足矣。"富者曰："吾数年来欲买舟而下，犹未能也，子何恃而往？"越明年，贫者自南海还，以告富者，富者有惭色。西蜀之去南海，不知几千里也，僧富者不能至而贫者至焉。

要真正改变自己的教育习惯，学会成长，说一千道一万，最关键的就是行动。

一、马上行动

卡夫卡说过："做事要行动，而不是无谓的想法和不切实际的讨论。"两年前，我在一所幼儿园进行家庭教育讲座，希望家长都能改变自己的学习习惯。在那次讲座后，收到一位家长的信息。这位家长提到自己的孩子刚刚两岁，自己平时也不喜欢读书，现在培养孩子的学习习惯似乎还太早了，是不是等孩子读小学时再和孩子一起读书。我给这位家长仅仅回了四个字：马上行动。

是的，马上行动。唯有行动才是一切家庭教育的核心。在马上行动中，家长们可以记住这样几句话：

1. 每一天都是最好的时机

在家庭教育中，家长总是想找到最好的时机来教育孩子。孩子小的时候，家长觉得时候未到；孩子大了以后，又觉得为时已晚。其实对于教育这件事来说，每一天都是最好的时机，

<u>从来没有早和晚之说，家庭教育的影响是随时随地的，任何一次犹豫和推脱都是在丧失最好的时机。</u>

从前有一位满脑子都是智慧的教授与一位文盲相邻而居。尽管两人地位悬殊，知识水平和能力有天壤之别，可是两人都有一个共同的目标：成为一个富有的人。每天，教授跷着二郎腿大谈特谈他的致富经；文盲则在一旁虔诚地听着，他非常钦佩教授的学识与智慧，并且按照教授的致富设想去做。若干年后，文盲成了百万富翁，而教授依然一贫如洗，还在空谈他的致富理论。

行动和理论只有一步之遥，但是行动带来的改变却是理论无法达到的，而且行动还可以增加和丰富理论，我想在这个故事中，最后的结局应该是文盲给教授好好上了一课。

我们都知道比尔·盖茨，他是迄今为止最年轻的世界首富。他是凭借电脑软件构建个人财富王国的先行者，是一个改变世界的人。1955年出生的比尔·盖茨，从小就具有善于思考和专注的潜质，一旦迷上一件事情就会马上行动，坚持到底。在他三四岁的时候，担任老师的母亲在上课的时候总会将他带在身边，他从小就养成了爱读书的习惯。在以后的成长过程中，父母给予了他最大限度的自由和鼓励。自从他喜欢上了计算机，他就开始了奋斗。他从不认为自己年龄小，13 岁就开始编程，17 岁时卖掉了第一个电脑编程作品，18 岁考入哈佛。为了圆梦，他中途退学了。他把每一天都当作了奋斗的最好时机，所以在39 岁时就成为世界首富，并几度蝉联福布斯富豪榜首。

2. 一段时间只做一件事情

很多家长非常苦恼，觉得自己在家庭教育中还存在很多问题，希望能一下子全部改进，所以总是手忙脚乱，眉毛胡子一把抓，不知道先从哪做起。其实只要专注地去改变一个习惯，在一段时间只做一件事情就行了，整个家庭都会焕然一新。做好一件事情往往能以点带面，将整个人的习惯都逐渐转变，因为人天生都有触类旁通的能力。

麦当劳的创始人是雷·克罗克，他以非凡的经营才能，把麦当劳兄弟的小餐馆变成了世界快餐第一品牌，自己也成为美国乃至世界著名的企业家之一。据说，当年从麦当劳兄弟手中买下特许经营权的除了克罗克，还有一个荷兰人。两人走的是完全不同的经营之路：克罗克只专注开麦当劳店，而加工牛肉、养牛的钱任由别人去赚；荷兰人却不仅开麦当劳店，为了使加工牛肉的钱流入自己的腰包，还投资开办了牛肉加工厂，后来，他又办了一个养牛场。多年过去了，克罗克把麦当劳开遍了全世界，而那个荷兰人仍然窝在荷兰的一个农场里，养着200头牛。

"善始者众，善终者寡。"在家庭教育中，家长一开始热血沸腾，到后来却不了了之，不但问题得不到解决，反而越演越烈。如果在一段时间，我们把专注力集中在一个问题上，那么这个问题必定能得到解决。"专注是金"，有了专注力，一切问题都将迎刃而解。

3. 不要给自己留退路

"以后还有机会" "时间还比较充裕"，这些往往成为很多家长在教育孩子时的借口和退路。在家庭教育中，家长不要给自己留退路，在制订好计划以后就不要留后路，唯一的选择就是立即行动。立即行动，才能使你保持较高的热情和斗志，从而使自己的孩子燃烧起热情和斗志。正如古时作战的道理，兵家策略讲究"一鼓作气"，防止"一而再，再而衰，三而竭"，拖延之后再让疲软的心态鼓起斗志是比较困难的。

我的一位朋友，他是一位事业有成、前途无量的青年翘楚，但同时也是一位父亲。因为工作关系，他一直在外打拼。今年年初，他得到了一个非常好的升迁机会，可以到一个更高的职位去发展。但是，他却放弃了，选择回到自己孩子的身边，从零开始。很多人都无法理解，这么多年的奋斗就这样轻易地放弃了。在一次聊天中，他告诉我，以前总觉得事业很重要，所以把大部分的时间都放在工作上。虽然在工作上取得了不小的成绩，但是顾此失彼，儿子的性格越来越暴躁，成绩也越来越差，已经很糟糕了。当时我问了很多人想问的一个问题，难道你不能兼顾吗？他摇摇头说，我不想给自己留任何的退路了。从那以后，这位父亲天天陪着自己的儿子，刚开始儿子和他无话可说，他就从儿子最感兴趣的篮球聊起，与儿子不断地拉近距离，慢慢取得儿子的信任。经过他的努力，儿子终于从孤僻、暴躁、厌学中走了出来。再次见到这位父亲时，他意气风发，完全不输于他工作时的状态，提到自己的儿子更是眉开眼笑，有了作为父亲的骄傲。

在开始行动之前要给行动留下一个合理的期限，没有期限的行动常常是无效的或效率低下的。有一个时间约束，就能时刻提醒自己，必须马上行动，否则在约定时间期限内完不成行动计划。家庭教育的成功者必是立即行动者。对于家长来讲，时间就是生命，时间就是效率，时间就是金钱，拖延一分钟，就浪费一分钟。只有立即行动才能让自己和孩子拥有更美好的生活。

二、不找借口

成功始于"心动"，却成于"行动"。很多家长总是希望找到一个良好的方法，使家庭教育能迅速见效，一蹴而就，一旦发现效果不理想时，马上开始找各种各样的借口，最后不了了之。要想家庭教育真正成功，就不能有任何拖延、懈怠与放弃的借口。

1. 没有时间

现代人都是各种"忙"，忙工作、忙应酬、忙逛街美容、忙呼朋引伴，唯独在家庭教育上就没有了时间。正是因为忙，有些家长从小就让孩子寄宿，把教育的责任全部推给学校；还有一些家长将孩子交给自己的父母，让爷爷奶奶担当起父母的角色；更多的家长，用一个手机、一个 iPad 将自己解放出来。"忙"成了很多家长的第一借口。

鲁迅说："时间就像海绵里的水，只要愿意挤，总还是有的。"我更深信的一句话是"你觉得什么重要，什么就会有时间"。

很多人也许听过一个这样的故事。

父亲下班回家已经很晚了，身体疲倦、心情也不太好。这时，他发现5岁的儿子正靠在门边等他。

"我可以问你一个问题吗？"儿子问。

"什么问题？"父亲有些不耐烦。

"爸，你1小时能挣多少钱？"

"这与你无关。为什么要问这样的问题？"父亲生气地说。

"我只是想知道。"儿子望着父亲，恳求道，"请告诉我，你1小时挣多少钱？"

"假如你一定要知道的话，那我就告诉你吧。我1小时挣20美元。"父亲有点按捺不住了。

"喔。"儿子沮丧地低下头。过了一会儿，他又抬起头，犹犹豫豫地说："爸——，可以借给我 10 美元吗？"

父亲终于发怒了："如果问这种问题就是想要向我借钱去买毫无意义的玩具，那你还是回房间去，躺到床上好好想想为什么你会那么自私。我每天长时间辛苦工作，现在需要休息，没时间和你玩小孩子的游戏。"

儿子一声不吭地走回自己的房间，轻轻关上了门。

儿子走后，父亲还在生气。过了一阵儿，他渐渐平静下来。想到自己刚才有些粗暴，他走进孩子的房间，轻声问："你睡了吗？"

"爸，还没呢。我还醒着。"儿子回答道。

"爸爸今天心情不太好，所以刚才可能对你太凶了，"父亲说，"这是你要的 10 美元。"

"爸，谢谢你。"儿子欣喜地接过钱，然后又从枕头下拿出一些皱皱的钞票，仔细地数起来。

"你已经有钱了为什么还要？"父亲又开始生气了。

"因为只有那些还不够，不过现在足够了。"儿子回答道。

然后他将数好的钱全部放在父亲手里，认真地说："爸，我现在有 20 美元了，我可以向你买一个小时的时间吗？明天请早一点回家，我想和你一起吃晚餐。"父亲惭愧地低下了头。

孩子的成长只有一次，当我们忙得忽略了他们的成长时，即便在未来花更多的时间都没办法弥补。所以，我们都说孩子重要，这绝不仅仅只是停留在口头上，而要体现在我们的时间管理上，不要把忙碌当借口，当我们用更多的时间来陪伴孩子，改变自己的教育习惯，时间才会变得更有意义。

2. 没有条件

在习惯篇中，我曾谈到要多带孩子一起出去旅游。有一些家长给我发来信息，说没有条件让孩子去旅游，更谈到了自己家境一般，不能与那些有钱人家的孩子去比。对于孩子来说，教育是公平的，教育没有贵贱之分。

《焦点访谈》节目曾介绍过世界中学生奥数金牌获得者安

金鹏的事迹。

金鹏家里很穷。他考取了重点中学，却没有钱上。父亲对他说："你还是去打工吧，人家上了大学还没有工作呢，更何况能不能考上大学还不知道。"母亲坚决不同意，将家里唯一的一头驴卖了，送孩子去读书。孩子在中学里是唯一一位连素菜都吃不起，连肥皂都用不起的人，但是这些都影响不了他的学习激情，他非常感恩自己母亲对他的教育。虽然这位母亲连小学都没有毕业，她却让自己的孩子在小学之前就把四则运算做得滚瓜烂熟，她从不把自己学历低当成自己放弃家庭教育的借口，仅此一点又有几个大学毕业的父母能够做到呢？！

俞敏洪是新东方的创始人，也是一位传奇的教育家。1962年，俞敏洪在农村出生，家境十分贫寒。他八岁时随母亲去了趟上海，从此就有了一个走出农村、走进城市的梦想。俞敏洪的母亲从不因自己家里穷、没有条件就放弃对孩子的支持与鼓励，而是全身心地教导儿子，支持儿子的梦想，鼓励儿子靠努力学习来走出农村。为了给儿子补充营养，提高体质，她18年间养了136头猪；为了能够让儿子上高中，她一次又一次跑到公社求情。就是这样一位不讲任何条件、没有任何借口的母亲，培养出了一位杰出的教育家和企业家。

我没有条件，所以我的孩子不能旅游；我没有条件，所以我的孩子不能学习特长；我没有条件，所以我的孩子肯定不如别人优秀；有这样思想的家长是不可能培养出一位优秀的孩子的。不要给自己找任何借口，即使再普通的家庭也能培养出不平凡的孩子，而再贫寒的生活也能创造出非凡的人生。

3. 没有能力

我的父亲是一位大学生，母亲仅是一位高小生。因为父亲常年出差加之又去世得早，我和哥哥的教育责任全落在了妈妈肩上。妈妈出生在农村，由于受重男轻女思想的影响，从小没读过什么书，后来到了城市成为一名学徒工，当了几年电工，再干行政工作。妈妈从不认为自己读书少，没有教育能力。她从小对我和哥哥要求非常严格，虽然从未给我们讲过什么大道理，但总是告诉我们：只有读书，才有出路。记得小学时，哥哥迷上了武侠小说，回到家中不做作业总是偷偷摸摸地看。妈妈总能找到他藏书的地方，三番五次地批评后，哥哥仍然沉迷其中。一天下课后，妈妈尾随哥哥去了借书的摊子，义正词严地跟老板一番交涉后，老板再也不敢借武侠小说给哥哥了。

妈妈的教育方法也许简单直接，但她从不为自己的教育找任何借口，在我们成长的每一步，她都始终陪伴左右。这让我想到了现在不少父母，随着孩子日渐长大，尤其是到了孩子的叛逆期，总认为孩子大了，自己再没能力教育了。其实我们不是缺乏能力，而是在逃避责任。

三、持之以恒

家庭教育不是一朝一夕的事，孩子的成长也不可能一蹴而就。在前面几章讲到了家庭教育要"动之以情、晓之以理、导之以行"，但最后还是要落实到本章中讲到的"持之以恒"。

我们都听说过达·芬奇画蛋的故事。

欧洲文艺复兴时期的著名画家达·芬奇，从小爱好绘画。父亲送他到当时意大利的名城佛罗伦萨，拜名画家佛罗基奥为师。老师要他从画蛋入手。他画了一个又一个，足足画了十多天。老师见他有些不耐烦了，便对他说："不要以为画蛋容易，要知道，一千个蛋中从来没有两个是完全相同的；即使是同一个蛋，只要变换一下角度去看形状也就不同了，蛋的椭圆形轮廓就会有差异。所以，要在画纸上把它完美地表现出来，非得下番苦功不可。"从此，达·芬奇用心学习素描，经过长期勤奋艰苦的艺术实践，创作出了许多不朽的名画。

在家庭教育中，孩子会随着年龄的增长出现各种各样的问题，家长常常会感到力不从心，或是短期内看不到效果，但只要坚持改变自己，就一定能改变孩子。有人说，当我们用一万个小时专门做一件事情的时候，你就能成为这方面的专家。当<u>我们持之以恒地去做家庭教育的行动者，就会成为家庭教育的</u>

成功者。

"失败是成功之母。"家庭教育并没有所谓的好方法，只有适合的方法，但即便是适合的方法也有失败的时候。

孟母是一位非常注重家庭教育的母亲。孟子小的时候，母亲送他到学堂读书。刚开始孟子还懂得用功，后来就渐渐学会偷懒、贪玩，不肯用功读书了。有一天，他竟然逃学回家。母亲当时正在家中织布，一看见他逃学回来，就拿起剪刀把织布机上织了一半的布剪断了。孟轲很惶恐地跪下，问母亲为何要把布剪断。母亲责备说："求学跟织布的道理是一样的，必须一丝丝不断积累，才能织成有用的布料。如果中途把它剪断了，那就会前功尽弃，成为一堆废料。求学更是要不断地用功，最后才会有所成就。而你现在却偷懒逃学，不肯用功读书，这样自我堕落，如何能成就学业？"孟轲听了母亲这番话，非常惭愧，立刻向母亲认错，从此发奋学习。经过长年累月的不懈努力，终于成就了自己的道德学问。

前不久，我接到一位家长的电话，说她儿子染上了网瘾，想了很多办法，但都没有什么效果，请教我怎么办。听到她的哭诉，知道这是一位为孩子操碎了心的妈妈。最后我问她："您每种方法坚持了多久呢？"这位妈妈回答我："我试了很多方法，坚持得最久的一种差不多一个星期吧。"我对她说："您选一种认为最好的方法，坚持下去，至少半年。"一个月后，我再打电话回访。这位妈妈高兴地告诉我："我的孩子现在好多了，虽然还是上网，但再不像以前那样没日没夜了。"

有时候坚持比方法更重要。家庭教育不要害怕失败，只要认为是对的，坚持下去，就会有惊人的改变。

2. 要经受反复的折磨

不少家长都有这样的经验，孩子总是时好时坏，有时好像改变了，有时却又恢复原状。要坚持不懈，家长就要经受起教育失败反复地折磨。

我在少管所采访过这样一个孩子，他因盗窃罪进了少管所，但让我奇怪的是这个孩子家庭条件优越，从小衣食无忧，怎么会盗窃呢？孩子的父母都经商，经常不在家，一开始是为了引起父母的注意，他常常偷同学、邻居的一些小东西，父母发现后对他也进行了严厉的教育。在父母的批评下，他改正了一段时间，然而只要父母长时间不在家，就又开始小偷小摸。父母批评，他就收敛；父母放任，他又开始重犯。这样反反复复，让父母不胜其烦，父母不久就放弃了对孩子的教育，听之任之！孩子无人管教，最后走上了犯罪的道路。现在他的父母十分后悔，如果当初能一直坚持严格的管教不放弃，这个孩子也不至于走到这一步。

3. 要承受外来的压力

坚持做一件事时，不仅有失败、有反复，还可能有来自各方面的压力与打击。家庭教育中，家庭成员教育观念和方法不一，常常会引起误解，带来打击。尤其是在隔代教育中，爷爷奶奶过分宠溺孩子，会让父母无可奈何。

我认识的一位妈妈也有过这方面的苦恼。女儿从小就要奶奶喂饭，到了上小学还不肯自己吃饭。妈妈每次要求女儿自己吃饭，奶奶总会护着，而且完全讲不听。有一天奶奶病了，没有力气给孙女喂饭，妈妈故意将家人都带了出去，只留下了女儿，女儿饿了一整天，奶奶这下着急了。从那以后，奶奶知道自己管不了孙女一辈子，慢慢接纳了妈妈的意见。这位妈妈曾经笑着对我说："这是个艰难的过程，虽然奶奶理解了，但仍时不时要护着孙女，我可是被无情地打击了很多次，但我知道坚持下去就对了。"正是因为这位妈妈的坚持，现在的女儿自理能力已经强多了，不但自己吃饭，还学会了收拾房间、洗碗，奶奶也释然了。

一个持之以恒的家长，一定有着坚毅、果断、刚强的品质。始终坚持做一件事情，不但能带来自我的成长，更让孩子感受到行动力的巨大影响。这种影响会伴随孩子的一生。

1.《活在当下》李焯芬 中华书局 ISBN 978-7-101-06790-3

2.《幸福家长的九堂课》 刘燕芳 东南大学出版社 ISBN 978-7641-4572-9

3.《别以为你会爱孩子》 林怡 中信出版社 ISBN 978-7-5086-3422-7

4.《世上没有好养的孩子》 高子健 北京理工大学出版社 ISBN 978-7-5640-6184-5

5.《家庭教育的精神密码》 林珂 九州出版社 ISBN 978-7-5108-0649-0

6.《孩子问题的 106 个解决方案》 林珂 九州出版社 ISBN 978-7-5108-0648-3

7.《长大不容易》 卢勤 长沙文艺出版社 ISBN 978-7-5354-4956-6

8.《好好做父亲》 孙云晓 中信出版社 ISBN 978-7-1105-5000-7

Our Second Growth